AF608087

THE CATHOLIC UNIVERSITY OF AMERICA
CANON LAW STUDIES
Number 47

DE VICARIIS FORANEIS

DISSERTATIO

Iudicio Facultatis Iuris Canonici Universitatis Catholicae Americae Septentrionalis submissa tamquam publici periculi experimentum scriptum ad obtinendum

DOCTORATUM IN IURE CANONICO

A
IOANNE LEONE ZAPLOTNIK, I.C.L.,
Presbytero Dioecesis Omahensis.

Catholica Universitas Americæ
Washingtonii, D. C.
1927

NIHIL OBSTAT:

✠ THOMAS J. SHAHAN, S.T.D.,
Censor deputatus.

IMPRIMATUR:

✠ MICHAEL J. CURLEY, D.D.,
Archiepiscopus Baltimorensis.

Baltimorae die 14. maii 1927.

WASHINGTON MONOTYPE COMPOSITION CO.
WASHINGTON, D. C.

INDEX RERUM

BIBLIOGRAPHIA

Acta Apostolicae Sedis, Romae, 1909–1927.

Acta et decreta concilii plenarii Baltimorensis III A.D. 1884, Baltimorae, 1886.

Aichner, Simon, *Compendium iuris ecclesiastici ad usum cleri*, ed. VI., Brixinae, 1887.

Albers, Pietro, *Manuale di storia ecclesiastica*, 2 vol., Torino, 1920.

American Ecclesiastical Review, vol. II., New York, 1890; vol. LXIX., Philadelphia, 1923.

Archiv für katholisches Kirchenrecht, vol. CI-CV, Mainz, 1921–1925.

Assemanus, Joseph Simonius, *Bibliotheca Orientalis Clementino-Vaticana*, 4 tomi, Romae, 1728.

Augustine, Chas., *A Commentary on the New Code of Canon Law*, ed. 2–4., 8 vol., St. Louis, 1921–1924.

Ayrinhac, H. A., *Constitution of the Church in the New Code of Canon Law*, New York, 1925.

Bączkowicz, Franciszek, *Prawo kościelne*, 2 vol., Krakow, 1923–1924.

Badii, Caesar, *Institutiones iuris canonici*, ed. II, Florentiae, 1921.

Barbosa, Augustinus, *Iuris ecclesiastici universi libri tres*, Lugduni, 1660.

Bargilliat, M., *Praelectiones iuris canonici*, ed. XXXVII, 2 tom., Parisiis, 1923–1924.

Benedictus XIV, *De Synodo dioecesana*, 2 tomi, Romae, 1806.

Benedictus, XIV, *Institutionum ecclesiasticarum tomi tres*, Romae, 1784–1785.

Biblia Sacra, Parisiis, 1887.

Bingham, Joseph, *Origines ecclesiasticae, or the Antiquities of the Christian Church*, 9 vol., London, 1843–1845.

Binterim, Anton J., *Die vorzüglichsten Denkwürdigkeiten der christ-kath. Kirche*, 1. vol., ed. II., Mainz, 1838.

Bizzari, A., *Collectanea in usum secretariae S. Congr. Episcoporum et Regularium*, Romae, 1885.

Blat, Albertus, *Commentarium textus Codicis iuris canonici*, 2. lib., ed. II., Romae, 1921.

Bouuaert, F. Claeys-Simenon, G., *Manuale iuris canonici*, Gandae et Leodii, 1924.

Bouix, D., *Tractatus de capitulis*, ed. III., Parisiis, 1882.

Braun, Joseph, *Die liturgische Gewandung*, Freiburg, 1907.

Caldarola, Orontius, *Synodus dioecesana Dianensis Prima*, Vicenza, 1922.

Canones et decreta concilii Tridentini, ed. XIX., Taurini, 1913.

Canoniste, Le, tom. XLVI., Paris, 1924.

Cappello, Felix M., *Tractus canonico-moralis de Sacramentis*, vol. I., Taurini, 1921.

Casabona, Amadaeus, *Synodus dioecesana Clavarensis II a. 1921;* Romae, 1922.

Castro, Rafael O., *Estatutos sinodales de la Arquidiócesis de San José*, San José, Costa Rica, 1924.

Catholic Encyclopedia, The, 16 vol., New York, 1907–1914.

Chelodi, Joannes, *Ius de personis iuxta Codicem*, Tridenti, 1922.

Cicognani, Hamletus I., *Ius canonicum*, 2 vol., Romae, 1925.

Cocchi, Guidus, *Commentarium in Codicem iuris canonici*, lib. II., ed. II., Taurini, 1925.

Codex iuris canonici, ed. Pii X et Benedicti XV, Romae, 1918.

Collectanea S. Congregationis de Propaganda Fide, 2 tomi, Romae, 1907.

Collectio Lacensis, Acta et decreta sacrorum conciliorum recentiorum, 5 tomi, Friburgi, 1870–1879.

Commentarium pro religiosis, vol. IV. et VIII., Romae, 1923 et 1927.

Concilia Germaniae, ed. J. P. Schannat, Jos. Hartzheim, H. Scholl, A. Neissen 12 tomi, Coloniae, 1771.

Concilii plenarii Baltimorensis II A.D. 1866 acta et decreta, ed. II., Baltimorae, 1877.

Concilium plenarium Siculum, Romae, 1921.

Corbett, Timothy, *Statutes of the Diocese of Crookston*, 1921.

Corpus iuris canonici, ed. A. L. Richter et A. Friedberg, partes II, Lipsiae, 1922.

Couly, Aug., "Les vicaires forains d'apprès la nouvelle législation canonique," *Le canoniste*, XLVI, 18–34, 65–70.

Dansey, William, *Horae decanicae rurales*, vol. II, London, 1835.

Dargin, Edward Vincent, *Reserved cases according to the New Code of Canon Law*, Washington, 1924.

De Meester, A., *Iuris canonici et iuris canonico-civilis compendium*, ed. II., tom. II, Brugis, 1923.

Devoti, Ioannes, *Institutionum canonicarum libri quatuor*, Leodii. 1860.

Dugan, Henry Francis, *The Judiciary Department of the Diocesan Curia*, Washington, 1925.

Eichmann, Eduard, *Lehrbuch des Kirchenrechts*, Paderborn, 1923.

Falise, J. B., *Sac. Rituum Congregationis decreta*, ed. IV., Parisiis, 1862.

Fanfani, Ludovicus I., *De iure parochorum ad normam Codicis*, Taurini, 1924.

Ferreres, Ioannes, *Institutiones Canonicae*, ed. 2., vol. II, Barcinonae, 1920.

Ferraris, F. Lucii, *Bibliotheca canonica iuridica*, tomi IX, Romae, 1885–1899.

Fournier, Edouard, *Les origines du vicaire général*, Paris, 1922.

Funk, F. X., *Doctrina duodecim apostolorum, Canones apostolorum ecclesiastici*, etc., Tubingae, 1887.

Funk, F. X., *Lehrbuch der Kirchengeschichte*, Rottenburg, 1886.

Gallia Christiana, ed. II., tomi XVI, Parisiis, 1870.

Gasparri, Petrus Card., *Codicis iuris canonici Fontes*, tomi IV, Romae, 1923–1926.

Gillman, Franz, *Das Institut der Chorbischöfe im Orient*, München, 1903.

Gonzalez y Estrada, Pedro, *Sinodo diocesano de la Habana*, 1923.

Haring, Johann B., *Grundzüge des katholischen Kirchenrechtes*, ed. III., Graz, 1924.

Harduini Ioann., *Acta conciliorum et epistolae decretales ac constitutiones summorum pontificum*, tomi XII, Parisiis, 1714.

Hauck, Albert, *Kirchengeschichte Deutschlands*, vol. II, Leipzig, 1887–1890.

Hefele, Karl Joseph, *Conciliengeschichte*, ed. II., tomi IX, Freiburg, 1873 sq.

Hergenröther, Joseph, *Handbuch der allgemeinen Kirchengeschichte*, ed. III., tomi III, Freiburg, 1884–1886.

Hilling, Nicolaus, *Codicis iuris canonici supplementum*, Friburgi, 1925.

Hinschius, Paul, *System des katholischen Kirchenrechts mit besonderer Rücksicht auf Deutschland*, vol. IV, Berlin, 1869 sq.

Humbrecht, Joseph M. L., *Acta et statuta synodi Bisuntinae*, Vesontione, 1921.

Imbart de la Tour, P., *De ecclesiis rusticanis aetate Carolingica*, Burdegalae, 1890.

Jaffé, Philippus, *Regesta pontificum Romanorum*, ed. II., Lipsiae, 1885–1888.

Jeglič, Antonius Bonav., *Synodus dioecesana Labacensis*, Labaci, 1903.

Juenin, Gaspar, *Commentarius historicus et dogmaticus de Sacramentis*, ed. II., Venetiis, 1740.

Ius Pontificium, vol. V–VI, Romae, 1925–1926.

Kakowski, Alexander, *Synodus archidioecesana Varsaviensis*, Varsaviae, 1922.

Keller, Charles F., *Mass Stipends*, Washington, 1925.

Kirch, C., *Enchiridion fontium historiae ecclesiasticae antiquae*, ed. IV., Friburgi, 1923.

Klein, Kaspar, *Paderborner Diözesan-Synode 1922*, Paderborn, 1923.

Knöpfler, Alois, *Lehrbuch der Kirchengeschichte*, ed. VI., Freiburg, 1919.

Koudelka, Charles J., *Pastors, their Rights and Duties*, Washington, 1921.

Kraus, F. X., *Real Encyklopädie der christlichen Altherthümer*, tomi II, Freiburg, 1882–1886.

Lavitrano, Aloysius, *Synodus dioecesana Cavensis*, Neapoli, 1921.

Leitner, Martin, *Handbuch des katholischen Kirchenrechts*, 2. Lieferung, ed. II., Regensburg, 1922.

Leitner, Martin, *Lehrbuch des katholischen Eherechts*, ed. III., Paderborn, 1920.

Lemonnier, Thomas P. H., *Statuts synodaux du diocèse de Bayeux et Lisieux*, Bayeux, 1922.

Loening, Edgar, *Das Kirchenrecht im Reiche der Merowinger*, tomi II, Strassburg, 1878.

Lucidi, Angelus-Schneider, Joseph, *De visitatione sacrorum liminum*, ed. III., 3 vol., Romae, 1883.

Maassen, Fredericus, *Concilia aevi Merovingici* (Monumenta Germaniae historica), Hannoverae, 1893.

Mansi, Ioannes Dominicus, *Sacrorum conciliorum nova et amplissima collectio*, ed. II., 46 tomi, Parisiis, 1902 sq.

Marelli, Aloysius M., *Bergomensis ecclesiae synodus XXXIV*, Bergomi, 1923.

Maroto, Philippus, *Institutiones iuris canonici ad normam novi Codicis*, 2 tomi, Matriti, 1919.

Migne, J. P., *Patrologia Graeca*, Parisiis, 1886 sq.

Migne, J. P., *Patrologia Latina*, Parisiis, 1844 sq.

Miller, Newton T., *Founded Masses according to the Code of Canon Law*, Washington, 1926.

Missale Romanum, Turonibus, 1924.

Monitore Ecclesiastico, Il, vol. xxxii., Roma, 1920.

Mothon, Joseph P., *Institutions canoniques*, tom. I., Paris, 1922.

Motry, Hubert Louis, *Diocesan Faculties according to the Code of Canon Law*, Washington, 1922.

Napotnik, Michael, *Gesta et statuta synodi dioecesanae Lavantinae*, Marburgi, 1897.

Nardi, Luigi, *Dei parrochi Opera di antichita sacra et disciplina ecclesiastica*, 2 tomi, Pesaro, 1829.

Neller, Georgius Christophorus, *De plebium archipresbyteris in communi*, Heidelbergae, 1774.

Paget, Desire, M. H., *Status synodaux du diocese de Valence*, 1924.

Pallottini, Salvator, *Collectio omnium conclusionum et resolutionum quae in causis propositis apud Sacram Congregationem cardinalium S. Concilii Tridentini interpretum prodierunt ab eius institutione anno 1564 ad annum 1860*, Romae, 1893.

Pellegrinus, Carolus, *Praxis vicariorum*, Venetiis, 1706.

Perathoner, Anton, *Das kirchliche Gesetzbuch*, ed. III., Brixen, 1923.

Phillips, Georg. *Kirchenrecht*, ed. III., 7 tomi, Regensburg, 1855–1889.

Pignatelli, Jacobus, *Consultationes canonicae*, 2 tomi, Coloniae Allobrogum, 1700.

Pirhing, Enricus, *Ius canonicum*, 2 tomi, Dilingae, 1674–1675.

Pistocchi, Marius, *De synodo dioecesana*, Taurini, 1922.

Pöschl, Arnold, *Kurzgefasstes Lehrbuch des katholischen Kirchenrechtes*, ed. II., Graz, 1921.

Pontificale Romanum, Mechliniae, 1895.

Prümmer, Dominicus M., *Manuale iuris canonici in usum clericorum*, ed. III., Friburgi, 1922.

Przeździecki, Henricus, *Synodus dioecesana Podlachiensis*, Siedlce, 1923.

Raus, J. B., *Institutiones canonicae*, Parisiis, 1923.

Reiffenstuel, Anacletus, *Ius canonicum universum*, 6 tomi, Antverpiae, 1743.

Revista eclesiástica, vol. XLIV., Valladolid, 1919.

Revue d'histoire ecclésiastique, tom. VII., Louvain, 1906.

Revue historique du droit francais et estranger, tom. III., Paris, 1924.

Rituale Romanum, Turonibus, 1925.

Rizzi, Anselmus, *Constitutiones synodi dioecesanae XXIV Adriensis*, Rhodigii, 1925.

Rossi, Joseph, *De paroecia iuxta Codicem iuris canonici*, Romae, 1923.

Ryx, Marianus, *Prima synodus dioecesana Sandomiriensis*, Sandomiriae, 1923.

Sacrae Romanae Rotae decisiones seu sententiae, vol. I. et II, Romae, 1912–1913.

Sägmüller, J. B., *Die Entwicklung des Archipresbyterats und Dekanats bis zum Ende des Karolingerreichs*, Tübingen, 1898.

Sägmüller, J. B., *Lehrbuch des katholischen Kirchenrechts*, Freiburg, 1900–1904.

Santi, Franciscus-Leitner, Martinus, *Praelectiones iuris canonici*, ed. IV., lib. I., Ratisbonae, 1904.

Scherer, Rudolph, *Handbuch des Kirchenrechtes*, 2 tomi, Graz, 1886.

Schmalzgrueber, Franciscus, *Ius ecclesiasticum universum*, 12 tomi, Romae, 1843–1845.

Schmidt, Antonius, *De synodis archidiaconalibus et archipresbyteralibus in Germania*, Heidelbergae, 1774.

Silbernagl, Isidor-Schnitzer, Joseph, *Verfassung und gegenwärtiger Bestand sämtlicher Kirchen des Orients*, ed. II., Regensburg, 1904.

Smith, William-Cheetham, Samuel, *A Dictionary of Christian Antiquities*, 2 tomi, Hartford, 1880.

Solieri, Franciscus, *Institutiones iuris ecclesiastici*, ed. II., Romae, 1921.

Statuta dioecesana synodorum Omahensium, Omahae, 1902.

Thomassinus, Ludovicus, *Vetus et nova Ecclesiae disciplina circa beneficia et beneficiarios*, 3 tomi, Parisiis, 1688

Toso, Albertus, *Ad Codicem iuris canonici Benedicti XV Pont. Max. auctoritate promulgatum Commentaria minora*, Romae, 1925–1926.

Trenta, Emidius, *Viterbiensis et Tuscanensis dioecesana synodus*, Sublaci, 1921.

Turner, Guillelmus, *Synodus dioecesana Buffalensis XXVII*, Buffali, 1924.

Van Espen, Zegerus Bernardus, *Ius ecclesiasticum universum*, tom. I., Lovanii, 1753.

Vering, Friedrich H., *Lehrbuch des katholischen, orientalischen und protestantischen Kirchenrechts*, ed. II., Freiburg, 1881.

Vermeersch, A.-Creusen, J., *Epitome iuris canonici cum commentariis ad scholas et usum privatum*, ed. II., 3 tomi, Mechliniae, 1924–1925.

Vermeersch, Arthur, *Periodica de re canonica et morali*, tomi 8–14, Brugis, 1920–1926.

Wapelhorst, Innocentius, *Compendium Sacrae Liturgiae*, ed. IX., Neo-Eboraci, 1915.

Wernz, Franciscus X., *Ius decretalium*, ed. II., 4 tomi, Romae, 1905.

Wernz, Franciscus X.-Vidal, Petrus, *Ius canonicum ad Codicis normam exaratum*, tom. II. et V., Romae, 1923–1925.

Wetzer u. Welte, *Kirchenlexikon*, ed. II., 12 tomi, Freiburg, 1882–1903.

Woywod, Stanislaus, *A Practical Commentary on the Code of Canon Law*, vol. II., New York, 1925.

ABBREVIATIONES

a. = anno.
AAS = *Acta Apostolicae Sedis.*
AKKR = *Archiv für kath. Kirchenrecht.*
art. = articulus.
c. = canon, caput, capitulum; cc. = canones, capita.
cap. = capitulum, caput.
cf. = confer.
Coll. Lac. = *Collectio Lacensis.*
conc. = concilium.
const. = constitutio.
ed. = editio.
e. gr. = exempli gratia.
etc. = et cetera.
ibid = ibidem.
i. e. = id est.
inst. = institutio.
l. = liber.
l. c. = loco citato.
n. = numerus, nota; nn. = numeri.
o. c. = opere citato.
p. = pagina; pp. = paginae.
P. = pars.
P. G. = *Patrologia Graeca.*
P. L. = *Patrologia Latina.*
S. = sanctus; SS. = sancti, sanctissimus.
S. C. C. = Sacra Congregatio Concilii.
S. C. de Prop. Fide = Sacra Congregatio de Propaganda Fide.
S. C. Ep. et Reg. =Sacra Congregatio Episcoporum et Regularium.
sect. = sectio.
sq. = sequens, sequentes.
S. R. C. = Sacra Rituum Congregatio.
stat. = statutum.
synod. = synodus.
tit. = titulus.
tom. = tomus.
vol. = volumen.

PARS I

INTRODUCTIO HISTORICA

PRÆFATIO

Materia, in hac dissertatione contenta, dividitur in duas partes. Pars prior comprehendit brevem historiam notabiliorum praedecessorum quos hodierni Vicarii foranei decursu temporum habuerunt; pars secunda agit de praesenti Vicariorum foraneorum disciplina ecclesiastica, a novo Codice iuris canonici praescripta.

Cuius disciplinae origo antiquissima est. Incepit enim propagatione religionis Christianae in agros. Ab illis vetustissimis temporibus episcopi consueverunt sibi ruri constituere vicarios, qui vice eorum in dissitis partibus dioecesis clerum officio continerent, populi fidem moresque custodirent, bona ecclesiae conservarent, episcopumque certiorem redderent de omnibus, quae ad salutem fidelium ruri degentium attinerent.

Quibus vicariis episcoporum varia nomina in diversis locis et temporibus imponebantur. In ecclesia Orientali erant Chorepiscopi et Periodeutae, qui revera ambo adhuc existunt praesertim inter Maronitas Montis Libani. In ecclesia Occidentali autem Vicariis foraneis praecesserunt in officio Archipresbyteri rurales, Chorepiscopi Occidentales, Archidiaconi et Decani rurales.

Et de his omnibus agit pars prima huius operis, quae nihil est nisi aliqua historica introductio ad partem secundam de disciplina vigenti. Materia de hac re, quae fere ab exordio ecclesiae usque ad tempora novissima extenditur, tam ampla est, ut multae dissertationes de ea scribi possent. Propterea hic necessario non nisi aliquam synopsin de Vicariorum foraneorum praedecessoribus invenies, circa ea praesertim, quae maioris videntur esse momenti.

CAPUT I

De Chorepiscopis in Oriente

Religio christiana initio in urbibus plantata est, ibique primas sibi ecclesias condidit.[1] Pastor ordinarius fuit episcopus, cui opem ferebant varii clerici: presbyteri, diaconi, subdiaconi et reliqui inferiorum ordinum. Qui semper apud episcopum habitabant et cum eo in ecclesia cathedrali sacra mysteria celebrabant. Cum extra civitatem cultus divinus publicus non haberetur, omnes fideles, inclusis etiam agricolis et rusticis, in urbem conveniebant ad recipienda sacramenta et audiendam missam verbumque Dei et similia.[2]

Sed haec dispositio non diu suffecit. Nam a saeculo secundo Christiani ruri aucti sunt et mox tam numerosi evaserunt, ut clerus dissitae civitatis amplius non posset providere omnibus eorum necessitatibus. Proinde episcopi urbium sibi creaverunt ruri coadiutores, quos episcopos in agris, τ῀ς χώρας ἐπισκόπους vocaverunt, ut distinguerentur ab urbium episcopis. Postea nomen Chorepiscoporum i. e. ruris episcoporum obtinuerunt.[3]

Qui primi Chorepiscopi orientales veri erant episcopi, plena potestate episcopali pollentes.[4] Nam episcopalem acceperunt consecrationem ab episcopo per specialem manuum impositionem et potuerunt ordinare presbyteros

[1] Cf. *Acta Apost.*, IX, 30; XIII, 1, 5, 14; XIV, 1; XVII, 1, 10; XVIII, 1; XIX, 1, etc.

[2] Cf. Iustini Martyris *Apologia*, I, c. 67.

[3] Gillmann, *Das Institut der Chorbischöfe im Orient*, p. 32.

[4] Cf. conc. Antiochenum a. 341, c. 10.—Tumultum contra hoc factum, quod hodie communiter acceptum esse videtur, inchoaverunt spuriae Decretales saeculi noni, negantes episcopalem characterem Chorepiscoporum. Quarum falsitas etsi saeculo XV detecta sit, propter bellum tamen cum haeresi presbyteriana multi etiam magni ingenii viri cunctabantur episcopalem agnoscere characterem Chorepiscoporum. Cf. Phillips, *Kirchenrecht*, II, 103.

ac diaconos.[5] Habebant quoque proprium territorium et propriam independentem iurisdictionem.[6] Iuridice coordinati sunt episcopis urbanis, a quibus collegae et comministri appellabantur.[7]

Prima notitia historica talis episcopi ruralis est cuiusdam Zotici, episcopi Comanae, oppiduli Phrygiae, circa annum 170.[8] Saeculo tertio praesertim post persecutionem Valerianam, episcopi in pagis tam frequentes facti sunt, ut dignitas episcopalis et unitas Ecclesiae periclitarentur.[9] Constituebantur enim non raro in tam parvis vicis et modicis pagis, ut unicus simplex presbyter sufficeret ad omnem animarum curam ibi peragendam;[10] ideo paullulum tantum auctoritatis habuerunt et minus dignitatis propter inopiam, qua laborabant.[11]

Ne vero nomen episcopi et auctoritas vilescerent, multi episcopi civitatum orientalium decreverunt numerum et potestatem Chorespiscoporum coarctare. Synodus igitur anno 314 Ancyrae celebrata vetuit, ne Chorepiscopi presbyteros et diaconos sine permissione episcopi ordinarent.[12]

[5] Conc. Antiochenum *cit.;* synod. Ancyr. a. 314, c. 13.

[6] Gillmann, *o.c.*, p. 122; Maroto, *Institutiones iuris canonici*, II, 87.

[7] Synod. Neocaesar. intra a. 314–325, c. 14.

[8] Eusebius, *Historia ecclesiastica*, 1. V, c. 16 (Migne, *P.G.*, XX, 571). Gillmann, *o.c.*, p. 18.

[9] Hinschius, *System des kath. Kirchenrechts*, II, 163.

[10] Notandum est tunc saepe etiam populum potestatem eligendi sibi episcopum habuisse. Nam *Canones ecclesiastici sanctorum apostolorum*, compositi probabiliter in Aegypto parte saeculi III priore, dicunt (c. 16): "Si paucitas hominum accidit neque iam copia adest eorum, qui suffragium de episcopo inter XII viros eligendo facere valent, ad ecclesias proximas, si quae constituta est, litterae scribantur, ut inde viri tres electi advenientes probe probent, quis dignus sit . . ." (Funk, *Doctrina Duodecim Apostolorum* etc., pp. 59–60).

[11] Synod. Sardicensis a. 343, c. 6 decrevit: "Licentia vero danda non est ordinandi episcopum aut in vico aliquo aut in modica civitate, cui sufficit unus presbyter, quia non est necesse ibi episcopum fieri, ne vilescat nomen episcopi et auctoritas" (Kirch, *Enchiridion fontium historiae ecclesiasticae antiquae*, n. 503).

[12] C. 13: "Chorepiscopis non licet presbyteros aut diaconos [rurales] ordinare, nec sane presbyteros civitatis, sine praecepto episcopi vel litteris in unaquaque parochia." Parochia hic idem significat ac nostra dioecesis. Cf. Hefele, *Conciliengeschichte*, II, 658.

Quam prohibitionem synodus Antiochena anno 341 iteravit.[13] Synodus Sardicensis anno 343 constitutionem eorum limitavit.[14] Maximam autem eis plagam inflixit synodus Laodicensis, quae Chorepiscopos prorsus abolendos esse decrevit.[15]

Etsi istae synodi non generales, sed tantum particulares fuerint, cursu tamen temporis disciplinam veterem penitus commutarunt. Constat primo aliquos Chorepiscopos suam independentiam praeservavisse atque sui iuris remansisse.[16] Certo etiam multi paulatim sublati sunt et in locum eorum periodeutae substituti. Constat pariter plurimos Chorepiscopos gradatim alieni iuris factos, i. e. sub episcoporum urbium potestatem redactos esse.[17]

Et de his Chorepiscopis, qui alieni iuris facti sunt, maximae controversiae exortae sunt. Nec mirum, cum fontes historici de hac re paucissimi constent. Disputant enim doctores, utrum hi Chorepiscopi essent charactere episcopali insigniti, an solo sacerdotio praediti. Omnes eorum diversissimas proferre opiniones inutile est. Optima videtur esse illa opinio quae tenet: Durante transitionis tempore ad novam disciplinam Chorepiscopos fuisse partim adhuc episcopos et partim iam puros presbyteros, primis

[13] C. 10: "Qui in vicis vel possessionibus Chorepiscopi nominantur, quamvis manus impositionem episcoporum perceperint, tamen sanctae synodo placuit, ut modum proprium recognoscant, ut gubernent sibi subiectas ecclesias, earumque moderamine curaque contenti sint. Ordinent etiam lectores et subdiaconos atque exorcistas: quibus promotiones istae sufficiant. Nec presbyterum vero nec diaconum audeant ordinare praeter civitatis episcopum, cui ipse cum possessione subiectus est. Si quis autem transgredi statuta tentaverit, depositus quo utebatur honore privetur. Chorepiscopum vero civitatis episcopus ordinet, cui ille subiectus est" (Kirch., *o.c.*, n. 494).

[14] Cf. supra n. 11.

[15] Synod. Laodic. intra a. 343–381, c. 57: "Quod non oporteat in villulis vel in agris episcopos constitui sed periodeutas. Verumtamen iam pridem constituti nihil faciant praeter conscientiam episcopi civitatis" (Kirch, *o.c.*, n. 525)). Est c. 5, Dist. 80.

[16] Migne, *P.G.*, LXVI, 1418, 1442; Mansi, IV, 1357, 1361.

[17] Quae mutatio iam ante concilium Nicaenum primum et Neocaesarense inchoata est, ut patet ex canonibus amborum. Cf. Gillmann, *o.c.*, p. 120; Thomassinus, *Vetus et nova Ecclesiae disciplina*, P. I, l. II, c. 1, n. 4.

minuentibus, alteris crescentibus, donec ultimo omnes ad merum sacerdotium esse redactos.

Decreta synodi Sardicensis et Laodicensis non ubique eodem tempore accepta sunt. Nam sequentibus decenniis multi adhuc inveniuntur Chorepiscopi praesertim in Cappadocia, Persia, Arabia, alibique, de quibus nonnulli certo erant episcopi.[18] Tempore concilii Ephesii anno 431 sine dubio adhuc erant Chorepiscopi potestate episcopali pollentes, et unus qui aderat subscripsit decreta tamquam alii episcopi. Anno 449 vero Chorepiscopi Hypatius et Abramius non amplius erant episcopi sed tantum presbyteri.[19] Similiter et Chorepiscopi in concilio Chalcedonensi anno 451 erant solum sacerdotes. Idem dicendum de Chorepiscopis in secundo concilio Nicaeno anni 787 commemoratis. Tunc numerus eorum iam valde decreverat et potestas ita deminuta erat, ut nil essent nisi vicarii episcoporum.[20]

Deficientibus authenticis fontibus historicis pauca tantum de iuribus et officiis Chorepiscoporum antiquorum dici possunt. Certe habebant sequentes potestates: Examinabant clericos ordinandos.[21] Poterant plena libertate ordinare subdiaconos, lectores, exorcistas, reliquosque inferiorum graduum clericos, diaconos et presbyteros autem non nisi venia episcopi civitatis.[22] Dabant clericis, sicut solebant episcopi ordinarii, epistolas pacificas seu commendatitias, quod simplicibus sacerdotibus non licebat.[23] Poterant in ecclesia cathedrali etiam praesente episcopo presbyteratuque urbano offerre sacrificium Missae, quod sacerdotibus ruralibus prohibitum fuit.[24] Exercebant vigilantiam in clericos et ecclesias, quae eis suberant,

[18] Exempla: Migne, *P.G.*, XXXIV, 1215; XXXVII, 258; LXVII, 1475, 1597.

[19] Theodoret., Epist. 113 (Migne, *P.G.*, LXXXIII, 1318) et Epist. 116 (*ibid.*, 1326).

[20] Wernz, *Ius decretalium*, tom. II, pars II, p. 636; Maroto, *o.c.*, II, 87.

[21] S. Basilii Epist. II ad Chorep. (Migne, *P.G.*, XXXII, 399 sq.)

[22] Synod. Antioch. a. 341, c. 10.

[23] Synod. Antioch. a. 341, c. 8.

[24] Synod. Neocaesar. a. 314–325, cc. 13, 14.

easque canonice visitabant.[25] Presbyteris praestabant eo etiam, quod inter alios episcopos ordinarios in conciliis provincialibus et oecumenicis sedebant et decreta cum ipsis subscribebant e. gr. in primo concilio Nicaeno, Neocaesarensi, Ephesio etc.[26]

Chorepiscopi manserunt vicarii episcoporum in nonnullis Ecclesiis Orientalibus usque ad *hodiernam* diem, etsi multi scriptores aliter docent.[27] Chorepiscopi vere sublati sunt in Patriarchatu Constantinopolitano, non vero in Antiocheno et Alexandrino, ubi adhuc extant inter Maronitas Syriae, Graeco-Melchitas, Nestorianos et Iacobitas.[28]

De praesenti disciplina sequentia referenda sunt:

Chorepiscopos et periodeutas "Syri Orientales et Graeci pro una eademque dignitate nunc accipiunt, nec aliam utrisque potestatem concedunt, quam ut subiectas sibi ecclesias et monasteria visitent deque moribus et fide uniuscuiusque inquirant et (quod sacerdotibus omnibus parochis, adeoque Periodeutis ipsis et Chorepiscopis, commune est) sacramentum confirmationis immediate post baptismum conferant."[29]

Apud Maronitas vero Chorepiscopi distinguuntur a Periodeutis. Sunt autem simplices presbyteri, constituti in vicis et pagis tamquam vicarii episcopi, ubi curam gerunt cleri, monachorum, populique.[30] Resident in suis villis sive pagis. In una eademque dioecesi plures institui possunt Chorepiscopi, sed singuli ordinantur tantum pro singulis vicis et pagis, qui tamen populosi cum numerosis presbyteris esse debent.[31]

[25] Synod. Antioch. a. 341, c. 10; S. Basilii Epist. II ad Chorep., *l.c.*

[26] Cf. Kraus, *Real-Encykl. der chr. Alterth.*, I, 211.

[27] E. gr. Thomassinus, *o.c.*, P. I, 1. II, c. 2, n. 9; Benedictus XIV, *De synodo dioecesana*, 1. III, c. 3, n. 6; Phillips, *o.c.*, II, 103; Maroto, *o.c.*, II, 89; Chelodi, *Ius de personis*, p. 283; Knöpfler, *Kirchengeschichte*, p. 80.

[28] Assemani *Bibliotheca Orientalis*, III, pars II, 827 sq.

[29] Constitutiones et Canones S. Synodi Montis Libani a. 1736, pars III, cap. III, 4, I (*Coll. Lac.*, II, 284).

[30] Quocum facto non concinit cl. Wernz, *o.c.*, p. 636, scribens Chorepiscopos praeesse regioni, ad *civitatem* cathedrae episcopalis pertinenti.

[31] Synod. Montis Libani a. 1736, pars III, cap. III, 1; pars III, c. III, 3, III; pars III, c. III, 4, II (*Coll. Lac.*, II, 278, 283, 284).

Chorepiscopus benedicitur ab episcopo, qui capiti eius manum dexteram imponit, tradit ei binas cruces, alteram in manu dextera, alteram in sinistra, induit eum pluviali, imponit mitram in eius capite, dat ei baculum pastoralem, traditque ei gregem suum et omnes presbyteros ac ministros, ut ei subiaceant, et ecclesiam eiusque sacramenta.[32]

Chorepiscopi habent potestatem chrismate consecrandi altaria, petras seu tabulas altarium, calices, patenas, baptisteria, ecclesiasque. Habent etiam potestatem subiectos sibi clericos et monachos in officio continendi. Insuper habent potestatem cum speciali facultate Patriarchae conferendi minores ordines et sacramentum confirmationis.[33]

Quoad praecedentiam, Chorepiscopi sequuntur archipresbyteros et praecedunt periodeutis. Praesente episcopo sine eius licentia non utuntur suis facultatibus nec gerunt cruces aut mitram. Dignitas eorum perpetua est, sed propter delicta suspendi possunt ab officio et amoveri.[34]

Decursu historiae suae Chorepiscopi transierunt tres aetates: Primo erant veri episcopi prorsus sui iuris. Secundo subiecti erant potestati episcoporum urbanorum, sed retinebant suum characterem episcopalem. Ultimo redacti sunt ad merum sacerdotium et tales manserunt usque ad nostra tempora in paucis regionibus, ubi adhuc funguntur ut vicarii episcoporum foranei.

[32] Synod. Montis Libani a. 1736, pars II, c. XIV, 45 (*Coll. Lac.*, II, 249).

[33] Eiusdem synodi pars III, c. III, 3, III; pars III, c. III, 4, I; pars IV, c. I, 15 (*Coll. Lac.*, II, 284, 353).

[34] Eisudem synodi pars III, c. III, 4, IV; pars III, c. III, 3, II (*Coll. Lac.*, II, 283, 285).

CAPUT II

De Periodeutis

Officium Periodeutarum est munus ecclesiasticum quodammodo sui generis. Institutum est in Ecclesia Orientali, ubi remansit usque ad hodiernam diem neque umquam in Occidentem propagatum est. Dum officium Periodeutarum in aliquibus rebus differt a munere nostrorum Vicariorum foraneorum, nihilominus eorum finis praecipuus idem est, nomine scilicet Episcopi inspicere et custodire clerum ruralem eiusque ecclesias. Propterea merito computantur inter Vicarios foraneos Ecclesiae Orientalis.

Periodeutae i. e. visitatores, circuitores seu perambulatores, instituti sunt a synodo Laodicena, inter annos 343 et 381 celebrata, cuius c. 57 dicit: "Non oporteat in villulis vel in agris episcopos constitui sed Periodeutas." Quae synodus volebat Chorepiscopos omnino abolere et eorum loco Periodeutas substituere.[1] Non erant Periodeutae aequales antiquis Chorepiscopis, sed prorsus differebant ab eis, praecipue quia nunquam eorum ordinem episcopalem acceperunt, etsi postquam Chorepiscopi non amplius charactere episcopali aucti sunt, tunc eorum nomen saepe in Periodeutas transiisset.[2] Qui praeterea nunquam stabilem sedem habebant, sed vicos circumibant et sacerdotes visitabant vicanos, quibus praeerant.[3]

Causae instituendorum Periodeutarum erant non solum magna latitudo nonnullarum dioecesium earumque crescentia negotia, sed etiam frequens absentia episcoporum,

[1] Thomassinus, *Vetus et nova Ecclesiae disciplina*, P. I, l. II, c. 1, n. 10, ergo plane erravit scribens: "Visitator, περιοδευτής appellatur *Chorepiscopus* in concilio Laodiceno." Eundem errorem repetere videtur cl. doctor Couly in *Le canoniste*, XLVI, 18.

[2] Gillmann, *Das Institut der Chorbischöfe im Orient*, pp. 48, 69, 108.

[3] Theodoret., Hist. rel. 26 (Migne, *P.G.*, LXXXII, 1469).

qui eo tempore, variis malis intestinis notabili, propter quotidiana cum Arianis aliisque haereticis certamina saepe a debita visitatione ecclesiarum avocabantur et synodis hinc inde convocatis interesse iubebantur.[4]

De veteribus Periodeutis minima novimus. Non vero antiquitus perierunt, sed supersunt usque ad tempora hodierna, vigentes adhuc apud aliquas Orientales Ecclesias. Propterea saltem pauca dicenda sunt de his recentioribus Periodeutis, quorum officium et status iidem remanserunt per saecula.

Periodeutae, qui in Oriente inveniuntur, nihil sunt nisi meri sacerdotes. Syri Orientales et Graeci eos aequiparant Chorepiscopis, quibus eandem potestatem et dignitatem concedunt. Apud Maronitas autem differunt Periodeutae a Chorepiscopis.[5] Sequentes paragraphi agunt praecipue de Maronitis.

Periodeuta benedicitur ab episcopo secundum proprium ritum, consistentem imprimis in collatione illorum insignium, quae ad functiones ecclesiasticas Periodeutae pertinent.[6] Episcopus eius capiti imponit manum dexteram et dat ei unam crucem, vas chrismatis, baculum pastoralem atque tradit ei gregem suum omnesque sacerdotes et clericos, ac ecclesiam potestati eius subiicit.[7]

Periodeuta est presbyter, cuius officium est huc et illuc per totam dioecesim, excepta urbe, excurrere, vicos omnes et pagos villasque circumobire, constitutas per amplam dioecesim paroecias rurales visitare et administrare, delicta pastorum animarum observare, curam cleri, monachorum, populique gerere, fideles in officio continere et in ordine

[4] Boehmer, *Ius ecclesiast. protestant.*, l. III, tit. 39, par. 23 (Dansey, *Horae decanicae rurales*, I. 100–101, not. 1).

[5] Synod. Montis Libani a. 1736 pars III, c. III, 4, I (*Coll. Lac.*, II, 284).

[6] Cf. Silbernagl, *Verfassung und gegenwärtiger Bestand sämtlicher Kirchen des Orients*, p. 274.

[7] Synod. Montis Libani a. 1736, pars II, c. XIV, 43 (*Coll. Lac.*, II, 247). Erravit ergo Gillmann, *o.c.*, p. 130, dicens Periodeutam in ordinatione sua nullum accipere baculum pastoralem.

componere, atque cunctos ad rectae vitae sanaeque doctrinae normam efformare.[8]

Periodeuta omnino caret potestate conferendi ordines. Neque potest conferre sacramentum confirmationis sine speciali facultate Patriarchae. Habet vero potestatem populos post baptismum chrismate consignandi, dedicandi et consecrandi chrismate ecclesias, altaria, baptisteria, calices, patenas, subiectos sibi clericos et monachos in officio continendi et similia.[9]

De Periodeutarum iurisdictione seu potestate visitandi loquitur in extenso celebris synodus provincialis Maronitarum anno 1736 habita, praesertim in parte III, cap. III, 4, VI: "Periodeutae seu visitatores, quos custodes in vineis positos in partem pastoralis sollicitudinis suae episcopi assumunt, Dei . . . se villicos esse sciant, ut eorum fide, cura et laboribus ager Ecclesiae excultus reddat Domino suo fructum in tempore. Decretorum igitur huius Synodi perfectae observantiae invigilent, ac defectus quoslibet ad episcopum fideliter diligenterque deferant. Ecclesias omnes, etiam parochiales, invisant, et an cuncta decenter disposita sint, observent. Notent parochorum in obeundo munere diligentiam, nimirum in administratione sacramentorum, in celebratione divinorum officiorum, in praedicatione verbi Dei, ceteraque, quae ipsis in hac Synodo adimplenda praecipimus. Mores clericorum et ecclesiasticorum omnium vivendi rationem inquirant, et ad episcopum referant, nec eorum cuiquam potestatem faciant abscedendi a dioecesi, neve clericis aut laicis commendatitias concedant litteras, nisi de licentia episcopi. Si qua compererint inter laicos scandala aut iurgia sive odia, tollere curent, componere et exstinguere. Causas civiles ad forum ecclesiasticum spectantes usque ad summam moderatam ab episcopo determinandam consuetis iuris

[8] Synodi eiusdem pars III, c. III, 1; pars III, c. III, 3, II; pars III, c. III, 3, III (*Coll. Lac.*, II, 278, 283, 284).

[9] Synodi eiusdem pars III, c. III, 3, III; pars III, c. III, 4, I; pars IV, c. I, 15 (*Coll. Lac.*, II, 283, 284, 353).

modis dirimant; in criminalibus vero causis non iudicent, sed capiant informationes, et ad episcopum transmittant. Monasteria tum virorum tum mulierum visitent, semel in anno, habita tamen ad hoc speciali ab episcopo potestate, qui visitationem huiusmodi potest etiam abbati aut alicui monacho committere, qui vel immediate ad episcopum, vel mediate per Periodeutam ad eundem episcopum de statu monachorum, monialium et monasteriorum referat. Quocirca suas patentes litteras Periodeuta saepe consulat, ut intra suos se limites contineat, et deprehendat, ad quae munia ipsius auctoritas extendatur. Visitet porro regionem suam mense Novembri vel alio tempore commodiori; et ante initium ieiunii Nativitatis Domini mittat ad episcopum informationes, quas de parochis, clero et populo suae regionis ceperit. Ante dominicam autem ingressus ieiunii quadragesimalis ipse Periodeuta adeat episcopum, ut cuncta ei referat, eiusque mandata excipiat. Cumque redierit, moneat subditos sibi parochos, de quibus iusserit episcopus, et omnia diligenter exsequatur. In obeunda visitatione caveat, ne quid prorsus accipiat aut extorqueat, praeter victualia pro sua et alterius domestici persona ac duobus equis; alioquin gravissime ab episcopo puniatur."[10]

"Cura monialium ad episcopum loci spectat, qui per se vel per Periodeutam seu visitatorem illas regat in spiritualibus et temporalibus: sic tamen, ut idem Periodeuta non possit esse illarum confessarius, sed debeat circa eas et confessarium in spiritualibus invigilare; in temporalibus autem, una cum abbatissa et deputata res monasterii administret."[11]

Periodeuta nullibi propriam sedem habet, sed semper vagatur per omnes pagos et vicos totius dioecesis, quae proinde unaquaeque unum tantum Periodeutam habere potest.[12]

[10] *Coll. Lac.*, II, 285–286.

[11] Synod. Montis Libani a. 1736, pars IV, c. III, 3 (*Coll. Lac.*, II, 379).

[12] Synodi eiusdem pars III, c. III, 3, III; pars III, c. III, 4, II (*Coll. Lac.*, II, 283, 284, 285).

Quoad praecedentiam, Periodeuta sequitur Chorepiscopum et praecedit presbyteris. Praesente episcopo sine eius expressa licentia Periodeuta facultatibus suis non utitur nec crucem in manu defert.[13]

Dignitas eius perpetua est, etsi propter delicta possit suspendi ab officio et amoveri. Si vero monachus fieri vult, debet prius suas dignitates abdicare, neque potest nomine Periodeutae aut insignibus sive facultatibus amplius uti.[14]

[13] Synodi eiusdem pars III, c. III, 4, IV (*Coll. Lac.*, II, 285).

[14] Synodi eiusdem pars III, c. III, 3, II; pars III, c. III, 4, V (*Coll. Lac.*, II, 283, 285).

CAPUT III

De Archipresbyteris Ruralibus

Chorepiscopi et Periodeutae, de quibus hucusque erat sermo, inveniebantur ac etiamnum inveniuntur in Ecclesia Orientali, non vero in Ecclesia Occidentali. Attamen etiam in hac fuerunt et sunt officia, constituta ad custodiendum clerum populumque christianum vice Episcopi in regionibus rusticis. Ratione antiquitatis, imprimis recensendi sunt Archipresbyteri rurales, qui a principio nihil fuerunt nisi magni parochi.[1] Quapropter necesse est pauca saltem dicere de fundatione primarum paroeciarum ruralium.

Sedatis persecutionibus christianorum fideles ruri multiplicabantur et mox in maioribus locis multas exstruxerunt ecclesias. Ad levandas eorum necessitates Episcopi primum mittebant in villas et vicos suos sacerdotes, qui peractis peragendis qualibet vice in urbem redibant. Qui ordo saltem ad tempus idoneus compertus est in Cappadocia, Italia et Africa, ubi episcopi abundabant, non vero in Hispania et Gallia ac aliis regionibus, ubi episcopi pauci erant et propterea incolae remotiores necessario negligebantur.[2] Episcopi igitur iuxta singulas ecclesias rurales stabili modo collocare incipiebant sacerdotes, qui ibi eorum nomine curam animarum exercerent cum clericis, sibi permanenter in supplementum conscriptis. Quae dispositio maxime comprobata et mox generalis facta est. Ita paulatim maior pars ecclesiarum in dioecesi acquirebat

[1] Nomen Archipresbyteri a Latinis fabricatum est ex vocibus graecis ἄρχων et πρεσβύτερος et significat presbyterum seniorem seu maiorem inter presbyteros eiusdem ecclesiae. A Graecis ipsis appellatur πρωτοπρεσβύτερος i.e., primus presbyter. Thomassinus, *Vetus et nova Ecclesiae disciplina*, P. I, 1. II, c. 3, n. 1.

[2] Sägmüller, *Entwicklung des Archipresbyterats und Dekanats*, p. 31.

iura ecclesiae cathedralis seu baptismalis, salvis iuribus, quae speciatim episcopo reservantur.[3]

Ita introductum et formatum est quod dicitur systema paroeciale. Ineunte saeculo sexto paroeciae inveniebantur ubique in Gallia et Hispania et Italia, ut clare patet ex plurimis conciliis.[4] Earum ecclesiae vocabantur rusticanae, dioecesanae, parochiae, postea etiam maiores vel matrices. Quibus ab exordio subiiciebantur incolae vicorum vicinorum ac praediorum longe lateque sparsorum per districtum vel paroeciam, quae appellabatur plebs seu christianitas.

Parochi harum ecclesiarum ruralium plerumque secum habebant plus minusve numerosum coetum clericorum, qui dioecesani vel parochiani vocabantur et qui in hac ecclesia incardinati sunt atque efformabant collegium ad instar presbyterii episcopalis.[5] Consistebant ex diaconis, subdiaconis et clericis minorum ordinum; in amplis paroeciis saepe etiam plures sacerdotes additi sunt, ut parochum adiuvarent. Interposita eorum opera religio christiana paulatim ab ecclesia principali penetrabat totam regionem vicinam, ubi in villis, vicis, castellis, domibusque possessorum fundorum cum approbatione episcopi variae capellae seu ecclesiae filiales (tituli minores) aedificabantur, quibus parochus eiusque clerus providere in spiritualibus debebant.[6]

Rector talis paroeciae erat vir non parvi momenti, cum esset praefectus magno districtui et proinde a medio saeculo sexto plerumque vocabatur *Archipresbyter*, ut

[3] Cf. Hauck, *Kirchengeschichte Deutschlands*, I, 209–210.

[4] Synod. Agath. a. 506, c. 54, commemorat sacerdotes dioecesanos i.e. rurales; conc. Aurelian. a. 511, c. 7, loquitur de parochiis ruralibus; synod. Tarragon. a. 516, c. 7, refert sacerdotes et diaconos ecclesiarum dioecesanarum i.e. ruralium; synod. Epaon. a. 517, c. 25, facit mentionem oratoriorum et parochiarum in villis; et synod. Vasens. II a. 529, c. 1, commemorat non solum presbyteros, "qui sunt in parochiis constituti secundum consuetudinem, quam per totam Italiam satis salubriter teneri cognovimus," sed etiam alios clericos rurales.

[5] Cf. Chelodi, *Ius de personis*, p. 338; Sägmüller, *o.c.*, p. 30 sq.

Imbart de la Tour, *De ecclesiis rusticanis*, p. 35 sq.

distingueretur a reliquis presbyteris, sibi subiectis, et *ruralis*, ut ab archipresbytero urbano differret.[7]

Ei demandata est cura cultus divini. Sub eius iurisdictione erant ecclesiae et capellae totius paroeciae. Diebus festivis omnes fideles, clerici, sacerdotesque totius christianitatis debebant in ecclesiam matricem convenire ad divina officia celebranda.[8]

Archipresbyter ruralis solus habebat ius baptizandi in toto suo territorio, quod generatim tantum statutis diebus faciebat:[9] quapropter sola eius ecclesia vocabatur baptismalis. Ibi tantum et exsequiae persolvebantur. In aliis ecclesiis seu titulis minoribus et oratoriis paroeciae permittebantur solum Missa quotidiana, devotiones communes et catechetica institutio in rudimentis fidei.[10]

Archipresbyter ruralis praeerat sacerdotibus et clericis sui districtus, eosque regebat et sollicite providebat, ut officia sua fideliter peragerent, canonice et caste viverent;

[7] Prima mentio Archipresbyteri ruralis in Gallia invenitur in vita S. Vedasti, episcopi Atrebatensis, mortui anno 540, supposita genuinitate documenti apud Bolland. *Acta Sanctorum*, februarii tom. I, 802: "Scobilione, archipresbytero loci illius." Archipresbyteros in agris commemorat etiam Gregorius Turonensis (✠ 594).

Secundum Loening, *Das Kirchenrecht im Reiche der Merowinger*, p. 352, nomen archipresbyteri non invenitur in Italia ante finem saeculi noni, quod non est verum. Ibi utique episcopi diu retinebant suam iurisdictionem etiam ruri, nolentes eam aliis tradere; sed iam anno 850 synodus Regiaticina statuit celebrem canonem 13:

"Propter assiduam erga populum Dei curam singulis plebibus Archipresbyteros praeesse volumus: qui non solum imperiti vulgi sollicitudinem gerant, verum etiam eorum presbyterorum, qui per minores titulos habitant, vitam iugi circumspectione custodiant, et qua unusquisque industria divinum opus exerceat, episcopo suo renuntiet. Nec obtendat episcopus non egere plebem Archipresbytero, quod ipse eam per se gubernare valeat. Quia etsi valde idoneus est, decet tamen ut partiatur onera sua: et sicut ipse matrici praeest, ita Archipresbyteri praesint plebeis, ut in nullo titubet ecclesiastica sollicitudo. Cuncta tamen ad episcopum referant, nec aliquid contra eius decretum ordinare praesumant" (Mansi, XIV, 935). Est c. 4, X, *de off. archipresbyt.*, I, 24.

[8] Conc. Agath. a. 506, c. 21; conc. Aurelian. a. 511, c. 25.

[9] De hac re concilium Autissiodorense, intra annos 573 et 603 celebratum, c. 18, decrevit: "Non licet absque paschae solemnitatem ullo tempore baptizare, nisi illos, quibus mors vicina est, quos grabbatarios dicunt" (Maassen, *Concilia aevi Merovingici*, p. 181). Cf. etiam conc. Matiscon. II a. 585, c. 3; c. 54, C. XVI, q. 1.

[10] Kirsch, *Archpriest* in *The Catholic Encyclopedia*, I, 697.

minores eorum negligentias et excessus ipse corrigebat, maiores vero ad episcopum deferebat.[11] Praeterea debebat iuniores clericos, quos secum in domo sua habebat, in psalmis, divinis lectionibus et generatim in lege Domini erudire atque ita sibi dignos successores providere.[12] Insuper debebat plerumque sustentare non solum hos iuniores clericos, sed etiam presbyteros, qui sive in ecclesia paroeciali sive in aliis oratoriis intra fines paroeciae laborabant.[13] Quod Archipresbyter faciebat ex facultatibus et reditibus ecclesiae, quae iam tunc beneficia possidere solebat. Ipse quoque administrabat et custodiebat bona paroeciae.[14]

Debebat quoque Archipresbyter ruralis custodire vitam moresque laicorum, praesertim quod attinebat ad observantiam dominicarum festorumque et matrimonia incestuosa, invigilare poenitentibus publicis eosque reconciliare venia episcopi.[15] Ultimo gerebat etiam curam pauperum, viduarum, orphanorum, captivorumque.[16]

Enumeratae potestates annexae erant officio Archipresbyteri et non poterant ab episcopo ad libitum retrahi

[11] Conc. Turonense II a. 567, c. 20, de hoc officio statuit: "Illi Archipresbyteri, qui talem cautelam super iuniores suos [clericos et presbyteros] habere noluerint et non eos habuerint studio distringendi, ab episcopo suo in civitate detrudantur in cellam ibique mense integro panem cum aqua manducent et poenitentiam agant pro sibi credito clero, quia nulli clericorum iuxta sententiam canonum cum coniuge sua manere permittitur" (Maassen, *o.c.*, p. 128). Et conc. Autissiodorense a. 578. c. 20, decrevit: "Quod si presbyter . . . aut diaconus aut subdiaconus . . . infantes procreaverit aut adulterium commiserit et Archipresbyter hoc episcopo aut archidiacono non innotuerit, si scit, integro anno non communicet, illi vero qui hoc commiserint, deponantur" (Mansi, IX, 914).

[12] Hoc illi expresse iniunxit concilium Vasense II a. 529, c. 1.

[13] Synod. Emerit. a. 666, c. 18.

[14] Conc. Cabilon. II, intra annos 639–645, c. 11.

[15] Synod. Autissiodorensis intra annos 573–603, c. 44: "Si quis ex saecularibus institutionem aut admonitionem Archipresbyteri sui contumacia faciente audire distulerit, tamdiu a limitibus sanctae ecclesiae habeatur extraneus, quamdiu tam salubrem institutionem adimplere deberet; insuper et mulctam, quam gloriosissimus domnus rex praecepto suo instituit, sustineat" (Maassen, *o.c.*, p. 183). Cf. etiam c. 2, X, *de off. archipresb.*, I, 24.

[16] Sägmüller, *o.c.*, p. 44.

vel suspendi.[17] Neque poterat episcopus Archipresbyterum ad nutum deponere. Nam ad hoc indigebat sufficientibus causis et consilio omnium compresbyterorum.[18]

Ita res se habebant saltem usque ad saeculum nonum, diutius in variis aliis regionibus, quo tempore hanc narrationem repentine suspendimus. Sed historia Archipresbyterorum ruralium porro tractabitur in capite VI, ubi sermo erit de Decanis ruralibus, qui in multis locis Archipresbyteri vocantur usque ad hodiernam diem etiam post novi Codicis promulgationem.

[17] Sägmüller, *o.c.*, pp. 45–46.
[18] Synod. Turon. II a. 567, c. 7.

CAPUT IV

De Chorepiscopis in Occidente

In Ecclesia Orientali, ut supra monstratum est, Chorepiscopi saltem iam a saeculo secundo exstiterunt et gregem Domini in agris constitutum gubernaverunt. Non autem unice ad Orientem limitati sunt, sed decursu temporis, licet multo serius, eorum officium etiam in Ecclesiam Occidentalem introductum est. Nam in Occidente Chorepiscopi non inveniuntur usque ad saeculum octavum.[1] Erant quidem et ibi antea episcopi aliquando in agris e. gr. in Africa, sed nunquam subiecti episcopis urbanis et proinde non veri Chorepiscopi in sensu generatim accepto. Casus Armentarii episcopi, qui anno 439 a synodo Regensi degradatus est ad Chorepiscopum, nihil est nisi simplex exceptio, quae regulam confirmat.[2]

Chorepiscopi Occidentales praeter nomen nihil commune habuerunt cum Chorepiscopis Orientalibus. Nam orti sunt omnino independenter ab eis. Neque in agris habitaverunt, sicut hi, sed plerumque stabilem residentiam non habuerant commorantes ubicumque eis episcopi dioecesani indigerent, vel aliquando cum episcopo degentes in eius civitate.[3]

Chorepiscopi nunquam inventi sunt in pluribus terris Occidentalibus ut in Italia, Illyria, Africa. Utrum episcopi Hispaniae eis umquam usi sint an non, dubium est, licet

[1] Vering, *Lehrbuch des ... Kirchenrechts*, p. 585, dicens Chorepiscopos esse a saeculo VII usque ad saeculum IX inventos in regno Francorum, ergo erravit in utroque termino.

[2] Hinschius, *System des kath. Kirchenrechts*, II, 164.

[3] Hinschius, *o.c.*, II, 165. Utrum determinatum haberent territorium necne, discrepat inter auctores. Hauck, *Kirchengeschichte Deutschlands*, II, 661, dicit: "Videntur non raro constituti pro certis districtibus." Hinschius, *l.c.*, ait: "Non determinatis districtibus ruralibus praeficiebantur." Sägmüller, *Lehrbuch des kath. Kirchenrechts*, p. 365: "Generaliter non districtibus per se stantibus praeponebantur . . . singuli tamen etiam determinatos districtus habebant." Utique recte iudicavit Hauck, *o.c.*, p. 660, dicens: "Institutio non regularis et generalis esse solebat."

aliquando ibi occurreret eorum mentio. Magni tamen momenti erant saeculo octavo et nono primo in regno Francorum, deinde etiam in Germania, Austria, Anglia, Hibernia.[4]

Ex causis, quae introductionem Chorepiscoporum in Occidente inducebant, praecipua erat amplitudo dioecesium, multos continentium paganos, qui eo tempore turmatim amplexabant catholicam fidem. Alia causa erat magnus numerus novarum paroeciarum, quae diligentiori tutela indigebant.[5] Episcopi enim soli plurima negotia peragere non amplius poterant, proinde sibi in Chorepiscopis eligebant adiutores, qui functiones episcopales in dissitis partibus dioecesis exercerent. Quorum auxilio eo magis indigebant, cum multum interessent etiam negotiis saecularibus.[6]

Chorepiscopi ordinabant presbyteros, diaconos, ceterorumque graduum clericos, confirmabant fideles, consecrabant ecclesias et peragebant reliqua officia episcopalia.[7] Erant igitur veri episcopi.[8] Adiuvabant episcopos missionarios in evangelizandis populis barbaris et in gubernadis remotioribus dioecesium regionibus.[9] Gerebant vices Episcoporum dioecesanorum maxime extra civitates in visitandis paroeciis ruralibus.[10] Custodiebant ecclesiasti-

[4] Phillips, *Kirchenrecht*, II, 106; Maroto, *Institutiones iuris canonici*, II, 89–90.

[5] Sägmüller, *Die Entwicklung des Archipresbyterats und Dekanats*, p. 53.

[6] Hinschius, *l.c.*

[7] Hrabanus Maurus, *De Chorepiscopis*, scripsit: "Reor, quod usus Chorepiscoporum primo originem sumpserit et hactenus in Ecclesia retineatur, ut ipsi Chorepiscopi, a propriis episcopis ordinati, iuxta praeceptum eorum diaconos et presbyteros ac ceteros gradus ordinent atque reliqua officia sacerdotalia peragant" (Migne, *P.L.*, CX, 1197).

[8] Hinschius, *o.c.*, II, 166; Maroto, *o.c.*, II, 90.

[9] Ita Chorepiscopos sibi constituerunt Willibrordus, apostolus Frisorum, S. Bonifacius, apostolus Germanorum, aliique. Et archiepiscopus Ebo, qui etiam Chorepiscopos habuit, *De ministris Remens. ecclesiae* dictavit: "Chorepiscopi ministerium est . . . populum regionis praedicare" (Migne, *P.L.*, CXXXV, 409). Cf. Hinschius, *o.c.*, II, 164; Maroto, *o. c.*, II, 90.

[10] Maroto, *o.c.*, II, 90. Hrabanus Maurus, *De clericorum institutione*, 1. I, c. 5, scripsit: "Chorepiscopi . . . vicarii sunt episcoporum. . . . Ordinati sunt . . . propter pauperum curam, qui in agris et villis consistunt, ne eis solatium confirmationis deesset" (Migne, *P.L.*, CVII, 301).

cam disciplinam cleri, cuius conversationem dirigebant, mores sacerdotum corrigebant et similia.[11] Invigilabant, ne sacerdotes cultum divinum et alia officia sua negligerent, eosque docebant religiose perficere munia sua.[12] Audiebant et determinabant minores causas nomine episcopi loci.[13] Imponebant poenitentias publicis peccatoribus eosque reconciliabant.[14] Aliquando etiam totam dioecesim administrabant, si episcopi essent aegroti vel absentes, et praesertim si sedes vacarent episcopis expulsis vel mortuis.[15]

Hoc ultimum autem erat causa variorum malorum e. gr. desidiae et saecularis pervagationis episcoporum, magni scandali et divisionis rerum ecclesiasticarum atque dilationis in canonice ordinandis episcopis.[16] Hinc mirum non est, si varia concilia antiquos canones contra Chorepiscopos renovarent eorumque vitia condemnarent et potestatem limitare conarentur.[17] Verumtamen istis conatibus ecclesiasticis resistebant reges et principes saeculares.[18]

[11] Ebo, *o.c.*, scripsit: "Chorepiscopi . . . ministerium est omnem sacerdotalem totius regionis sibi commissae conversationem corrigere atque dirigere. . . . Insuper vero omnia quaecumque intra ecclesiam et extra ecclesiam . . . a maximo usque ad minimum quemcumque viderit negligere, secundum ecclesiasticum correptionis modum semper corripiat et omnem veram religionem . . . omnes facere doceat" (Migne, *P.L.*, CXXXV, 409–410).

[12] Cf. notam praeced.

[13] Strabo, *De ecclesiasticarum rerum exordiis et incrementis*, c. 31, scripsit: "Sicut comites quidam missos suos praeponunt popularibus, qui minores causas determinent, ipsis maiora reservent, ita quidam episcopi Chorepiscopos habent, qui in rebus sibi congruentibus, quae iniunguntur, efficiunt"- (Migne, *P.L.*, CXIV, 964).

[14] Conc. Meldense a. 845, c. 44.

[15] Hinschius, *o.c.*, II, 164; Maroto, *o.c.*, II, 90.

[16] Conc. Meldense a. 845, c. 44.—Dum enim Chorepiscopi sede vacante dioecesim administrarent in spiritualibus, reges saepe facultates ecclesiae usurpabant et usibus saecularibus consumabant. Cf. Hincmari Rem. ep. ad Leon. IV a. 847.

[17] Conc. Aquisgranense II a. 836, cap. 2, can. 4, vitperabat eos ob "eorum execrabile ac damnabile cupiditatis vitium" (Mansi, XIV, 680).—Conc. Paris. a. 829, 1. I, c. 27, eis ius confirmandi abstulit; conc. Meldense a. 845, c. 44, insuper vetuit Chorepiscopos consecrare ecclesias, conferre illos ordines, qui per impositionem manus tribuuntur, attentare quidquam ex episcopali ministerio, mortuo episcopo.

[18] Qui e. gr. in suis comitiis a. 846 reiecerunt omnes concilii Meldensis canones, excepto uno; cf. Hinschius, *o.c.*, II, 167.

Proinde adversarii Chorepiscoporum furtim ac dolose finem eorum consequi decreverunt. Inter quos erant imprimis Pseudo-Isidorus et Benedictus Levita, qui falsas leges et spurias decretales confecerunt, negantes Chorepiscopis characterem episcopalem, easque Carolo Magno Romanisque Pontificibus adscripserunt.[19]

Quibus apocryphis documentis longe lateque sparsis multi tunc et postea etiam egregii critici decepti sunt.[20] Etsi a nonnullis viris e. gr. Hrabano Mauro, Nicolao I, Stephano V, Chorepiscopi defenderentur, tamen paulatim sublati sunt.

Victoriam adversariorum describit c. 8 synodi Metensis anno 888, renovans iudicium pseudo-Isidorianum de chorepiscopatu: "Ut basilicae, a Chorepiscopis consecratae, ab episcopis consecrarentur, roboratum est, quia iuxta decreta Damasi papae, Innocentis et Leonis vacuum est atque inane, quidquid in summi sacerdotii Chorepiscopi egerunt ministerio; et quod et ipsi iidem sint, qui et presbyteri sufficienter invenitur.[21]

Cum primum haec sententia vicerit, chorepiscopatus debebat evanescere.[22] Quod primo in Gallia sub finem saeculi noni factum est. In Germania et Austria usque ad medium saeculum decimum se sustinebant, dum in Anglia ultimi saeculo undecimo inveniebantur. Diutissime florebant in Hibernia, usque ad initium saeculi tertii decimi.[23]

Abolitionem Chorepiscoporum faciliorem fecit non solum divisio nimis magnarum dioecesium in plures

[19] Sägmüller, *Lehrbuch des kath. Kirchenrechts*, pp. 118, 120, de collectore utroque dicit: "Charakteristisch ist die Feindseligkeit gegen die Chorbischöfe." Maroto, *o.c.*, I, p. 66, de fine Collectionis pseudo-Isidorianae scribit: "Speciatim acriter insectatur Chorepiscopos." Cf. Wernz, *Ius decretalium*, tom. II, pars II, 637; Chelodi, *Ius de personis*, p. 74.

[20] Inter quos inveniuntur P. de Marca, L. Thomassinus, A. Barbosa, Natalis Alexander, M. Lupi, J. Devoti, Benedictus XIV, aliique.

[21] Mansi, XVIII, 80.

[22] Hauck, *o.c.*, II, 661.

[23] Quocum facto non concinit inter alios cl. Augustine, *A Commentary on Canon Law*, II, 497, scribens Chorepiscopos prorsus extinctos fuisse "towards the tenth century."

minores episcopatus, sed etiam earum partitio in archidiaconatus.[24]

Officio Chorepiscoporum sublato nomen eorum descendit alicubi in Archidiaconos et cantores monasteriorum, iurisdictio vero in Archidiaconos, qui aliquam iurisdictionem episcopalem exercebant.[25]

[24] Vering, *o.c.*, p. 585; Funk, *Kirchengeschichte*, p. 230; Sägmüller, *o.c.*, p. 368.

[25] Hinschius, *o.c.*, II, 169.

CAPUT V

De Archidiaconis Ruralibus

Iam antiquitus episcopi usi sunt aliorum opera in administratione suarum dioecesium. Adhibuerunt presbyteros in ministerio ordinis et diaconos in rebus temporalibus ac regimine. Et sicut gradatim primus presbyter factus est archipresbyter, ita etiam primus diaconus evasit archidiaconus.[1] Attamen dum archipresbyter contentus remansit tamquam princeps sacerdotum, archidiaconus paulatim tantam sibi potestatem comparavit, ut supra omnes sacerdotes dioecesis, archipresbyteris ipsis non exceptis, elatus est.

Archidiaconus a primordio praeerat diaconis ecclesiae cathedralis. Eius erat assistere in cultu divino, praeesse clericis eosque docere, curam pauperum agere, bona temporalia ecclesiae et dioecesis administrare, in variis causis publicis vices gerere Episcopi. Cuius nomine etiam visitabat dioecesim et celebrabat concilia. Iam saeculo quarto et quinto Archidiaconi crebro ab historicis commemorantur. Postea chorepiscopis a latere ponebantur et uterque describebatur ut Episcopi "manus" et "ala." Brevi declarabantur Archidiaconi etiam apte "oculi" Episcopi.[1a] Paulatim enim amplissimam iurisdictionem obtinuerunt tum ex lege scripta, tum ex consuetudine, plurimum vero usurpatione propria, ita ut primum locum post Episcopum et summam dignitatem haberent in dioecesi.[2]

Diu valebat regula: "Singuli ecclesiarum Episcopi, singuli Archipresbyteri, singuli Archidiaconi.[3] Quam regu-

[1] Nomen archidiaconi constat ex verbis graecis ἄρχων et διάκονος et significat seniorem vel maiorem diaconum.

[1a] Phillips, *Kirchenrecht*, II, 119.

[2] Aichner, *Compendium iuris ecclesiastici*, *p.* 416.

[3] S. Hieronymi Epistola IV ad Rusticum anno 411 (Migne, *P. L.*, XXII, 1080).

lam quoad Archidiaconum tota servabat ecclesia per octo saecula. Unaquaeque dioecesis unum tantum habebat Archidiaconum urbe degentem, qui solus una cum Episcopo totam regebat ecclesiam, ergo et clerum ruralem.

Ineunte autem saeculo nono nova incepta est disciplina in ecclesia Occidentali.[4] Dioeceses ibi generatim multo ampliores erant quam olim in imperio romano, et episcopi cum uno tantum Archidiacono eas non amplius bene gubernare poterant.[5] Idcirco eas in duas vel plures partes dividebant, quibus singulos praeficiebant Archidiaconos, vocatos *rurales* vel *minores*, ut distinguerentur a *cathedralibus* vel *maioribus.* Ab initio ista divisio probabiliter tantum ad tempus et nutum episcopi fiebat, postea vero permanenti modo cum determinato territorio.

Cuius novae disciplinae, si non origo, certo autem propagatio quaerenda est in chorepiscoporum declinatione et interitu.[6]

Institutio plurium Archidiaconatuum in una dioecesi incepta est in Gallia et paulatim diffusa est per Germaniam, Angliam, Hispaniam, aliasque regiones Occidentales. Certa eius evidentia primo invenitur anno 813 in synodo Cabilonensi, cuius canon 15 legit: "Dictum est etiam, quod in plerisque locis Archidiaconi super presbyteros parochianos quamdam exerceant dominationem et ab eis census exigant, quod magis ad tyrannidem, quam ad rectitudinis ordinem pertinet . . . Contenti sint regularibus disciplinis et teneant propriam mensuram; et quod eis ab episcopis iniungitur, hoc per parochias suas exercere stu-

[4] Si antea Archidiaconi *ruri* constituti fuerunt, hoc non nisi per modum exceptionis factum est; cf. Loening, *Das Kirchenrecht*, II, 337. Quod autem probari nequit ex c. 26 conc. Aurel. IV a. 541, neque ex c. 6 conc. Auscit. [Autissiodor.?] circa a. 590, ubi sermo est tantum de Archidiacono *civitatis* (Maassen, *Concilia aevi Merovingici*, pp. 93, 180); cf. Scherer, *Lehrbuch des Kirchenrechtes*, I, 605; Wernz, *Ius decretalium*, II, II, 616; Maroto, *Institutiones iuris canonici*, II, 91; etiam Loening, *o.c.*, p. 339.

[5] Funk, *Lehrbuch der Kirchengeschichte*, p. 230.

[6] Sägmüller, *Lehrbuch des kath. Kirchenrechts*, p. 368; Hauck, *Kirchengeschichte Deutschlands*, II, p. 660.

deant, nihil per cupiditatem et avaritiam praesumentes."[7]

Ergo Archidiaconi rurales erant vicarii episcoporum et curam gerebant non solum clericorum, sed etiam presbyterorum suarum "parochiarum" i. e. regionum seu territoriorum archidiaconalium.

Maximi momenti ad cognoscendos Archidiaconos rurales sunt Capitula, quae Hincmarus, archiepiscopus Remensis anno 874 dedit suis Archidiaconis presbyteris in exordio eis commissi ministerii.[8] Cum postea his Capitulis alii episcopi multum usi sint, videamus breviter, quid contineant.

Ex eis apparet unumquemque Archidiaconum suum proprium territorium habuisse, constans ex pluribus decanatibus et multis paroeciis ac presbyteris, quos debebat visitare, inspicere eorum vitam et mores ac disciplinam, praesertim a statutis dioecesanis praescriptam, eos instruere et corrigere, cum eis synodos tenere, eligendosque decanos proponere. Archidiaconi pariter educabant clericos in scientiis et bonis moribus eosque examinabant ac episcopo ad ordinandum praesentabant. Habebant curam pauperum, providebant de poenitentibus, quos reconciliandos episcopo adducebant et absolutos custodiebant, ne rursus in peccata laberentur, et invigilabant moribus publicis. Item debebant conficere tabulas cum accurata descriptione omnium ecclesiarum cappellarumque, perscrutari quomodo facultates et reditus ecclesiarum a presbyteris administrarentur, et generatim personaliter cognoscere totam suam regionem ac de eius statu episcopo scriptis rationem reddere. Vetiti autem sunt sine episcopi licentia dividi, iungi, aut mutari paroecias aut novas condi, concedi cappellas privatas ibique poni cappellanos, atque decanos constitui absque venia episcopi.

[7] Mansi, XIV, 96; est c. 3, Dist. 94. Cf. conc. Paris. a. 829, lib. I, c. 25; conc. Aquisgranense a. 836, cap. II, can. 4.

[8] Pluries in his Capitulis recurrentia verba "ministerium vestrum, vobis commissum" significant hic et alibi tempore Carolingorum territorium vel regionem, in qua auctoritas publica exercebatur. Mansi, XV, 497–499.

Sequentibus tribus saeculis consuetudo dividendi dioeceses in plures archidiaconatus longe lateque sparsa est. Neque talis divisio Archidiaconis oberat, sed potius proderat. Cum enim episcopi certa iura sua constanti modo eis delegarent, seipsos a negotiis episcopalibus facile dispensabant, neque illis officialibus satis sedulo invigilabant. Et Archidiaconi magis magisque obliviscebantur se esse episcopis obnoxios eorumque vices tantum gerere. Stabili modo cum regione archidiaconali coniuncti, magnam sibi potestatem ibi comparabant. Paulatim auctoritatem delegatam ab episcopo personalem et officio debitam existimare atque proprio nomine exercere incipiebant.[9]

Potestas Archidiaconorum ruralium tempore bellorum sacrorum pro Terra Sancta summum culmen attigit. Quae tunc officia eorum essent, breviter sed clare statuit Innocentius III, nempe: Imperare archipresbyteris et reliquis levitis; curam gerere paroeciarum easque ordinare et iurgia singulorum audire; esse episcopi vicarium, impendere sollicitudinem et curam tam in clericos quam in ecclesias eorum; loco episcopi per episcopatum prospicere, quae corrigenda viderit corrigere et emendare; institutionem corporalem tam super beneficiis quam etiam dignitatibus peragere; examinare clericos, si fuerint ad sacros ordines promovendi, eosque episcopo praesentare; examinare eos, qui beneficiis ecclesiasticis praeficiendi fuerint, et eos postmodum praesentare episcopo; ponere abbates et abbatissas in sede.[10]

[9] Hinschius, *o.c.*, p. 193; Thomassin., *Vetus et nova ecclesiae disciplina*, part. I, lib. II, c. 19, n. 12 et c. 20, n. 7. Aliter hanc rem explicat Ed. Fournier in suo opere *Les origines du vicaire général*, pp. 46–48. Qui originem separationis officiorum Archidiaconi et Episcopi invenit in systematis beneficiorum ecclesiasticorum introductione saeculo decimo et undecimo. Quo tempore archidiaconatus facti sunt beneficia, cedentia Archidiaconis reditus sufficienter pingues, ut magna ex parte se ab Episcopi potestate liberaverint. Una cum materiali libertate Archidiaconi adepti sunt etiam iurisdictionem prorsus distinctam ab Episcopi iurisdictione, donec exeunte saeculo undecimo non solum se amplius non aestimabant tamquam eius ministros, sed saeculo undecimo etiam ipsi sibi assumere suos incipiebant Ministros, qui se in beneficiis administrandis et aliis negotiis adiuvarent.

[10] Cc. 7, 9, X, *de off. archidiac.*, I, 23.

Aliis verbis secundum Honorium III, ius archidiaconale comprehendit iurisdictionem, correctionem et visitationem.[11] Quae breviter illustranda sunt, incipiendo a novissimo.

Praecipuum Archidiaconorum ruralium ius erat semper *ius visitandi*, cui et ius procurationis affixum erat.[12] In visitatione, quae generatim semel tantum in anno fiebat, inspiciebant praesertim ecclesias, vestimenta, calices, libros, aliasque res ad ecclesias pertinentes.[13] Iuri visitandi paroecias annexum est ius praesidendi periodicis conventibus cleri sicut et synodis archidiaconalibus, ubi Archidiaconi vitia et abusus corrigebant, diversas causas disceptabant, supra dictas procurationes a clero percipiebant et similia.[14]

Adepto iure visitandi, Archidiaconi rurales gradatim obtinuerunt etiam episcopale *munus iudicandi* in suo territorio. Ideo constituebant suum proprium tribunal, quod erat forum primae instantiae, a qua dabatur appellatio ad episcopum. Erant iudices ordinarii in omnibus causis iudicialibus et pluribus administrativis, non solum ecclesiasticis, sed etiam civilibus;[15] decernebant quoque res contentiosas e. gr. de beneficiis, de causis matrimonialibus etc. Qua re de facto excludebant episcopum ab immediata administratione et gubernatione suae dioecesis. Nam omnes incolae eorum territorii, exceptis familiaribus episcopi, debebant prius coram ipsis convenire quam coram officialibus episcopi.[16] Ius iudicandi coniungebatur cum iure corrigendi et puniendi i. e. infligendi censuras: ex-

[11] C. 10, X, *de off. archidiac.*, I, 23.

[12] Thomassin., *o.c.*, part. III, 1. II, c. 33, n. 2.

[13] Cf. conc. Iuliobonense a. 1080, c. 6 (Mansi, XX, 556); c. 6, X, *de off. archidiac.*, I, 23.

[14] Cf. Schmidt, *Thesaurus iuris ecclesiastici*, III, 314–322.

[15] Cf. Thomassin., *o.c.*, part. III, lib. II, c. 33, n. 9.

[16] C. 10, X, *de off. archidiac.*, I, 23.

communicationem, suspensionem, interdictum.[17] A saeculo XII poterant etiam in synodis mulctare sceleratos.[18]

Etsi Archidiaconi rurales ab exordio tantum *iurisdictionem* delegatam habuerint, paulatim autem *ordinariam* sibi usurpaverunt. Quam agnovit Innocentius III anno 1211 scribens: "Inhibemus ne dioecesanus episcopus vel Archidiaconus loci seu quilibet alius ordinarius iudex..."[19] Ita et varia concilia.[20] Quibus factis Archidiaconorum iurisdictio ut propria agnita est, quin etiam *iurisdictioni episcopali aequiparata.*[21] Sicut igitur episcopus utebatur sua iurisdictione in sua dioecesi, ita et Archidiaconus intra suum territorium.

Quam magni momenti potestas Archidiaconorum fuerit, apparet ex eo, quod episcopus sine eorum consensu non amplius posset beneficia creare, supprimere, dividere vel

[17] C. 54, X, *de electione*, I, 6; conc. Oxon. a. 1222, c. 28 (Harduin, VII, 121). Exemplum excommunicationis alicuius clerici ob debitum non solutum, quam Gregorius IX relaxandam ordinavit, habes in c. 3, X, *de solutionibus*, III, 23. Secundum Constitutiones provinciae Cantuariensis anni 1236, c. 41, Archidiaconus poterat interdicto supponere terras laicorum, qui possessiones seu bona ecclesiae invaserunt aut personas ecclesiasticas iniustis exactionibus molestaverunt, et eos, nisi se correxerint, excommunicare "pulsis campanis accensisque candelis." (Harduin, VII, 276).

[18] C. 3, X, *de poenis*, V, 37.

[19] Reg. lib. XIV ep. 45 (Migne, *P.L.*, CCXVI, 413).

[20] E. gr. synodus Valentina a. 1258 mandavit clericis, ut "faciant inventarium de omnibus possessionibus ecclesiae et scribant omnia in Missali, ut cum episcopus vel ordinarius, alias Archidiaconus, videre voluerint, meliorata inveniant" (Harduin, VII, 1983). Et synodus Oxoniensis a. 1289, c. 35, dixit: "Singulis Archidiaconis, eorum officialibus ac ceteris iurisdictionem habentibus ordinariam, districte praecipimus . . ." (Harduin, VII, 843). Item concilium Noviomense, probabiliter eodem saeculo celebratum, loquitur (c. 1) de "Episcopo loci vel Archidiacono ordinariam iurisdictionem habente. . . ." (Harduin, VII, 1105). Etiam glossa in "iurgia" ad c. 7, X, *de off. archidiac.*, I, 23, vocat iurisdictionem Archidiaconorum expresse "ordinariam."

[21] Concilium Turonense a. 1236 statuit (c. 7): "Iniungimus autem episcopis, Archidiaconis et aliis iurisdictionem episcopalem habentibus . . ." (Harduin, VII, 264). Habebant potestatem emendandi canonem Missae, si in eo inveniebantur defectus; cf. conc. Oxon. a. 1222, c. 23.

unire.[22] Neque poterat eos sine canonica sententia deponere.[23] Nam Archidiaconos, quos primo soli episcopi eligebant, postea saepe capitula et monasteria nominabant. Aliquando vero eos etiam possessores fundorum vel reges designabant.

Cum Archidiaconorum auctoritas in summo erat fastigio et cum multitudo negotiorum eorum in immensum cresceret et ipsi ob canonica aliaque munia a suis archidiaconalibus officiis personaliter implendis saepe impedirentur, proinde eligebant sibi ministros, officiales et vicarios, ut ruri eorum vices gererent et eis in administratione archidiaconatus assisterent.

Ista magna Archidiaconorum ruralium auctoritas autem paulatim clero molesta facta est et potestatem Episcoporum nimis coarctavit. Ideo a saeculo XII multae synodi et ipsi Summi Pontifices incipiebant iurisdictionem Archidiaconorum restringere. Ita prohibitio eis facta est, quominus sine approbatione episcopi curam animarum alicui committerent vel Decanos rurales instituerent et amoverent.[24] Interdixerunt eis, ne speciales suos officiales adhiberent.[25] Vetuerunt eos auctoritatem suam exercere praesentibus episcopis suis.[26] Privaverunt eos etiam iure libere visitandi paroecias suorum districtuum et exigendi

[22] Archidiaconus Sirmiensis ex Hungaria attentavit suam priorem iurisdictionem exercere non solum in ecclesiam cathedralem, quae in provincia Sirmiensi erecta est, sed etiam in Episcopum ibi consecratum. Ratione tamen eius frustrata Gregorius IX anno 1232 decrevit eum habere ius obtinendi aptam recompensationem ob iniuriam inde ei exortam. Cf. c. 16, X, *de maioritate et obed.*, I, 33; Hinschius, *o.c.*, II, 197.

[23] Proinde mirum non est, si Petrus Blesensis, archidiaconus Bathonensis nolens ordinari presbyter, scripsit: "Archidiaconi hodie sacerdotibus praeeminent et in eos vim et potestatem suae iurisdictionis exercent. Eapropter Archidiaconum in presbyterum promoveri non est honorem eius augeri sed minui." Migne, *P.L.*, CCVII, 365.

[24] Cc. 4, 7, X, *de off. archidiac.*, I, 23; conc. Lateran. I a. 1123, c. 4.

[25] Conc. apud Castrum Gonterii a. 1231, c. 12 (Harduin, VII, 193); idem statutum renovaverunt varia alia concilia; conc. apud Campinacum a. 1238, c. 4 (Mansi, XXIII, 488).

[26] Conc. apud Salmurum a. 1253, c. 7 (Harduin, VII, 443).

procurationes sive talias a clero.[27] Item prohibuerunt eos, ne certas causas matrimoniales dirimerent et poenas excommunicationis, suspensionis et interdicti infligerent.[28] —Insuper Episcopi constituerunt suos vicarios et officiales, ad quorum tribunalia paulatim revertebat major pars negotiorum, antea in foris archidiaconalibus peractorum. Ita decursu saeculorum Archidiaconi gradatim sua privilegia et iura alia ex aliis amittebant.

Fortunam Archidiaconorum demum obsignavit Concilium Tridentinum, sequentes leges ferendo: "Archidiaconi autem, Decani et alii inferiores in iis ecclesiis, ubi hactenus visitationem exercere legitime consueverunt, debeant quidem, assumpto notario, de consensu episcopi deinceps per seipsos tantum ibidem visitare . . . Cui [episcopo] ipsi Archidiaconi vel alii inferiores, visitationis factae infra mensem rationem reddere et depositiones testium ac integra acta ei exhibere teneantur."[29] "Ad haec, causae matrimoniales et criminales non Decani, Archidiaconi aut aliorum inferiorum iudicio, etiam visitando, sed episcopi tantum examini et iurisdictioni relinquantur; etiam si in praesenti inter episcopum et Decanum seu Archidiaconum aut alios inferiores super causarum istarum cognitione lis aliqua in quacumque instantia pendeat."[30] "Excommunicationes . . . a nemine prorsus, praeterquam ab episcopo, decernantur."[31] "Nec quaevis appellatio aut exemptio praedictam executionem [poenarum in clericos concubinarios] impediat aut suspendat; supradictorumque omnium cognitio non ad Archidiaconos, nec Decanos aut alios inferiores, sed ad Episcopos ipsos perti-

[27] C. 6, X, *de censibus*, III, 39; c. 6, X, *de off. archidiac.*, I, 23; conc. Oxoniense a. 1222, c. 21 (Harduin, VII, 120).

[28] Conc. Marciacense a. 1326, c. 4 (Harduin, VII, 1516); c. 5, X, *de off. archidiac.*, I, 23; c. 3, X, *de poenis*, V. 37.

[29] Sessio XXIV, *de ref.*, c. 3.

[30] Sessio XXIV, *de ref.*, c. 20.

[31] Sessio XXV, *de ref.*, c. 3.

neat, qui sine strepitu et figura iudicii et sola facti veritate inspecta procedere possint."[32]

Quibus legibus generalibus et particularibus institutum Archidiaconorum tam ruralium quam urbanorum capite damnatum est. Et post varias vicissitudines mox pene omnino evanuit. Remansit tantum olim praeclari nominis umbra pro certis honorariis dignitatibus capitulorum et decanatuum dioecesium maiorum, sed sine ullo momento et omnino sub potestate episcoporum.[33]

[32] Sessio XXV, *de ref.*, c. 14.

[33] Cf. Hinschius, *o.c.*, II, 204; Wernz, *o.c.*, II, 618; Scherer, *o.c.*, p. 607; Maroto, *o.c.*, II, 92; Sägmüller, *o.c.*, p. 369; Chelodi, *Ius de personis*, p. 305.

CAPUT VI

De Decanis Ruralibus

In capite III iam sermo erat de paroeciis seu ecclesiis baptismalibus, quae prioribus saeculis medii aevi ubique per Occidentem existebant. Praeerant eis Archipresbyteri rurales. Quibus suberant plures presbyteri, servientes variis ecclesiis filialibus seu titulis minoribus intra fines paroeciae.

Decursu vero temporis multae ex his ecclesiis ipsae elevatae sunt inter baptismales, rectoresque earum facti sunt parochi. Quibus novis ecclesiis paroecialibus etiam decimae solvendae erant.[1] Evolutio haec effecta est praesertim tempore Carolingorum in Gallia et Hispania, postea etiam in Anglia, Italia, Germania, alibique.

Crescente ergo numero paroeciarum simul et numerus Archipresbyterorum multiplicabatur. Quo factum est, ut honor statusque Archipresbyterorum depressi sint et nomen eorum pro rectoribus ecclesiarum baptismalium paulatim evanuerit, ita ut hi simpliciter "parochi plebani" seu "presbyteri plebium" vocarentur. Qui cum omnes inter se aequales essent aequali potestate pollentes, manebant sine immediato superiore, qui eos custodiret. Ad hoc officium igitur episcopi sibi elegerunt ex parochis suae dioecesis idoneos viros, qui vocabantur "Decani rurales" sive Archipresbyteri per excellentiam.[2]

Episcopi incipiebant praesertim in Gallia a saeculo nono coniungere paroecias et formare decanatus sive archipresbyteratus seu etiam christianitates. Quae divisio dioecesis in decanias connectebatur interitui chorepi-

[1] Conc. Cabilonense II a. 813, c. 19; "Familiae . . . ibi dent decimas suas, ubi infantes eorum baptizantur et ubi per totum anni circulum Missam audiunt." (Mansi, XIV, 97).

[2] Hinschius, *System des kath. Kirchenrechts*, II, 270–271.

scoporum, in quorum locum non solum Archidiaconi, sed etiam Decani rurales suffecti erant.[3] Nomen *archipresbyteratus* demonstrat episcopos in decanatuum institutione solitos esse praecipue Archipresbyteros veterum paroeciarum praeficere pluribus ecclesiis filialibus, quae interim ecclesiae paroeciales factae essent.[4]

Nomen Decani ruralis sine dubio derivatur ex monasterio, ubi decani existebant ab antiquissimis temporibus.[5] Qui postea in capitulis cathedralibus et collegialibus instituti sunt, medio saeculo nono autem apparuerunt etiam in archipresbyteratibus seu decaniis ruralibus.[6]

Decanos seu Archipresbyteros rurales ut ministros episcoporum per dioeceses constituendos, commemorat synodus Aquisgranensis anno 836.[7] Existentiam divisionis dioecesis in decanias probat synodus Tolosana, anno 844 celebrata sub Carolo Calvo.[8] Multa de Decanis habet etiam Hincmarus, archiepiscopus Remensis (✠882), qui eorum iura et obligationes minute descripsit praesertim in Capitulis Decanis datis.[9] Quorum principale officium erat cura sacerdotum et ecclesiarum decanatus, scilicet:

Decani debebant inquirere de presbyterorum ordinatione, honestate ac puritate vitae et morum, praedicatione, aliisque officiis, num recte Missas celebrarent, officia

[3] Benedictus XIV, *De synodo dioecesana*, l. III, c. 3, n. 7.

[4] Sägmüller, *Lehrbuch des kath. Kirchenrechts*, p. 375.

[5] Commemoraverunt eos iam SS. Hieronymus (*Epistola XXII ad Eustochium*, c. 35), Augustinus (*De moribus Ecclesiae cath.*, l. I, c. 31, § 67), Chrysostomus (*Homilia XIII*, 5), Cassianus (*De coenobiorum institutis*, l. IV, cc. 7, 10, 17) aliique. S. Augustinus, *l.c.*, explicat etiam etymologiam nominis decani, scribens: "Decanos vocant eo quod sint denis praepositi." (Migne, *P.L.*, XXXII, 1338). Et secundum cap. 21 regulae S. Benedicti decani gerebant curam decaniarum, consistentium ex decem monachis.

[6] Sägmüller, *Die Entwicklung des Archipresbyterats und Decanats*, p. 65. Cf. Thomassinus, *Vetus et nova Ecclesiae disciplina*, P. I, l. III, c. 66, n. 14.

[7] Cap. II, c. 4 (Mansi, XIV, 680).

[8] Cuius c. 3 ordinavit: "Statuant episcopi loca convenientia per decanias, sicuti constituti sunt archipresbyteri, quo . . . presbyteri per famulos suos debitam dispensam archipresbyteris et episcoporum ministris convehant" (Harduin, IV, 1458).

[9] Mansi, XV, 479–486.

recitarent, parvulis baptisma conferrent, infirmos visitarent eisque sacramenta viatica praeberent, defunctos nullo pretio sepelirent. Debebant pariter informari de clericorum reditibus et servis, investigare quisquis eorum dives sive pauper esset, quis res comparavisset et quomodo eis usus esset vel eas vendidisset. Officium Decani erat etiam investigare, num sacerdotes curam agerent pauperum, ubi reconderent ss. Viaticum, reliquias sanctorum, sacra olea. Ecclesiarum cura iniungebat Decano inquirere de rebus ecclesiae, de obligationibus et votis fidelium, de decimis recipiendis et dividendis, de sacra supellectili, de ecclesiae libris, luminaribus, campanis, tectis, atrio, ostiis, sacrario, similibusque. Decanus erat etiam inspector scholarum. De omnibus hisce rebus debebat nuntiare episcopo.[10]

Decani igitur rurales non multam habuerunt potestatem iurisdictionis. Nam praediti fuerunt non nisi iure observandi, quae in eorum decaniis agerentur. Tales manserunt etiam per sequentia duo vel tria saecula. Tunc enim Archidiaconi, qui immediati eorum superiores erant, crescebant et potestatem suam magis magisque extendebant in omnes regiones partesque. Propterea nec fontes historici huius temporis multa dicunt de Decanis seu Archipresbyteris ruralibus, ut promiscue appellabantur.[11]

Cum vero sub fine saeculi XII et initio saeculi XIII Archidiaconi partem iurium episcopalium et simul etiam statum ordinariorum iudicum in dioecesibus adepti sint, tunc demum Decani iterum magis in lucem prodibant. Graviora enim negotia façessentes Archidiaconi non amplius minoribus iuribus vacare poterant. Proinde necessario, obtenta venia episcoporum, aliquam iurisdictionem concedebant Decanis ruralibus ad vitia corrigenda et amovenda.[12]

[10] Introductio enim horum Capitulorum dicit: "Haec omni anno investiganda sunt a magistris et Decanis presbyteris per singulas matrices ecclesias et per capellas parochiae [Dioecesis] nostrae et nobis Kalendis Iuliis renuntianda." (Mansi, XV, 479).

[11] Hinschius, *o.c.*, II, 270, 271.

[12] Hinschius, *o.c.*, II, 272, 274.

Dum Decani seu Archipresbyteri rurales maxime florerent i. e. praesertim saeculo XIII et XIV, retinebant suas priores potestates, additis etiam pluribus aliis, quae variae erant in variis locis et temporibus. Inter communiora eorum officia recenseri possunt sequentia:

Debebant sedulo circumspicere fidem, mores, vitamque populi et praecipue cleri sibi commissi, eumque conservare in disciplina ac honestate vitae.[13] Attendere debebant, qua industria sacerdotes curam exercerent animarum, atque curare, ut omnes clerici, praesertim parochi, munera sua diligenter implerent.[14] Saepe habebant ius examinandi candidatos officiorum et beneficiorum ecclesiasticorum, eos praesentandi episcopo vel archidiacono, et approbatos mittendi in possessionem corporalem beneficii.[15] Administrabant paroecias et alias ecclesias tempore vacationis non solum in spiritualibus, sed etiam in temporalibus, donec alias ab Ordinario provisum fuerit.[16] Visitabant quotannis clericos sui decanatus eorumque ecclesias, examinabant omne patrimonium ecclesiasticum, a supellectili in sacristia usque ad campanam supra tectum ecclesiae, non praetermissis inscriptionibus monumentorum in coemeterio, inspiciebant libros paroeciales et omnem administrationem ecclesiasticam.[17] Tempore visitationis recipiebant procurationes ad suam sustentationem, primo in peno, postea in pecunia; quam ob causam tales visitationes etiam *placita* nuncupabantur.[18] Semper habebant ius

[13] Pirhing, *Ius canonicum*, l. I, tit. 24, n. 12; Reiffenstuel, *Ius canonicum*, l. I, tit. 24, n. 10; Dansey, *Horae decanicae rurales*, I, 232, 254, 267.

[14] Reiffenstuel, *l.c.;* Dansey, *o.c.*, I, 288; Maroto, *Institutiones iuris canonici*, II, 94.

[15] Conc. Andegavense a. 1365, c. 10; conc. apud Castrum Gonterii a. 1231, c. 3; synod. Wigoriensis a. 1240, c. 25; Dansey, *o.c.*, I, 361, 368.

[16] Dansey, *o.c.*, I, 298; Maroto, *o.c.*, II, 95.

[17] Conc. apud Salmurum a. 1253, cc. 2, 3, 4; constitutiones Simonis ep. Midensis a. 1216, c. 5; Dansey, *o.c.*, I, 259.

[18] Synod. Cenomanen. a. 1247, pars III; conc. apud Salmurum a. 1253, c. 7; conc. Meldense a. 1287, c. 25; capita Leodien. a. 1446; Thomassinus, *o.c.*, P. III, 1. II, c. 33, n. 3; Dansey, *o.c.*, I, 172; Imbart de la Tour, *De ecclesiis rusticanis*, p. 92.

convocandi sacerdotes sui districtus ad synodos decanales, quae appellitabantur etiam Kalendae, capitula ruralia, consistoria, sessiones, conventus, collationes, et quae tempore Carolingorum habebantur unoquoque mense, a saeculo XIII autem solum bis vel semel in anno.[19] In iis docebant sacerdotes rectam curam animarum, disciplinam ecclesiasticam, administrationem bonorum ecclesiae, publicabant varia decreta, invigilabant eorundem executioni, etc.[20] Componebant leviora clericorum iurgia, impediebant eorum scandala, corrigebant minores eorum defectus et abusus extra iudicium.[21] Maiora et graviora negotia, praesertim peccata notoria, scandalum in populo generantia vel sententiam iudicialem requirentia, mittebant ad archidiaconum vel potius ad episcopum, ad quem cuncta referre debebant eique rationem reddere de statu et conditione spirituali et temporali decanatus.[22] In multis regionibus habebant praeter voluntariam etiam quandam contentiosam iurisdictionem in clerum et populum sibi commissum; itaque erigebant propria tribunalia, in quibus audiebant et definiebant varias causas ecclesiasticas et civiles.[23] Attamen cum haec iurisdictio non ex iure communi sed particulari penderet et diversis locis ac temporibus diverse se haberet, nullae regulae generales statui possunt.[24] Ab eorum sententia plerumque appellabatur ad archidiaconum vel ad episcopum, salvis exceptionibus.[25] Alicubi habebant

[19] Hergenröther, *Kirchengeschichte*, II, 76; Sägmüller, *Lehrbuch des kath. Kirchenrechts*, pp. 375, 376.

[20] Constitut. Ricardi ep. Sarum. a. 1217, c. 86; conc. Germanicum a. 1225, c. 14; conc. Trevirense a. 1227, c. 8; Dansey, *o.c.*, II, 25.

[21] Conc. Senonense a. 1239, c. 13; constitut. Walteri ep. Dunelmensis ca. a. 1255; conc. Lambethense a. 1261; Reiffenstuel, *l.c.*

[22] C. 4, X, *de off. archipresbyteri*, I, 24; statuta synod. Cenomanensia a. 1247, pars I; conc. Trevirense a. 1227, c. 8; synod. Nemausensis ca. a. 1284; Dansey, *o.c.*, I, 215.

[23] Conc. Rotomagense a. 1231, c. 28; statuta synod. Cenomanensia a. 1247, pars III; Dansey, *o.c.*, II, 22.

[24] Van Espen, *Ius ecclesiasticum universum*, P. I, tit. VI, c. 5, n. 7; Thomassinus, *o.c.*, P. I, l. II, c. 9, n. 7; Dansey, *o.c.*, I, 162.

[25] Cf. Dansey, *o.c.*, II, 41–42.

etiam potestatem publicas imponendi sontibus poenitentias et alias saltem minores in eos infligendi poenas. Imo sunt exempla, ubi Decani rurales omnes et gravissimas poenas fulminare poterant.[26] Attamen erant exceptiones et requirebant generatim speciale mandatum episcopi.[27] Aliquando erant officiales publici, qui debebant habere proprium sigillum, conficiebant publica documenta, procurabant fidelem executionem testamentorum, excipiebant professionem fidei etc.[28] Ius eligendi Decanos seu Archipresbyteros rurales pertinebat ad episcopum, qui tamen aliquando permittebat archidiaconum eos eligere et ad confirmandum praesentare.[29] In aliquibus vero locis eligebant Decanum parochi in suo capitulo.[30] Officium Archipresbyteri seu Decani ruralis generaliter erat perpetuum vel ad vitam.[31] Annexum enim erat plerumque alicui paroeciae vel beneficio.[32] Ideo removeri ab officio non poterat nisi per sententian canonicam.[33]

Talia erant iura et officia Decanorum seu Archipresbyterorum ruralium plus minusve usque ad saeculum XVI. Concilium Tridentinum autem eorum potestatem valde minuit. Decrevit enim, ut Decani in iis tantum ecclesiis, ubi hactenus visitationem exercere legitime consueverunt, possent deinceps visitare, sed solum personaliter cum notario et de consensu episcopi, cui vero infra mensem

[26] Constitutiones Ricardi ep. Sarum a. 1217, c. 75; conc. apud Pontem Audomari a. 1279, c. 16 decrevit: "Praecipimus, quod Decani rurales, exercentes iurisdictionem, non suspendant vel excommunicent nisi in scriptis" (Harduin, VII, 768).

[27] Conc. Claromontanum a. 1268, P. II, c. 8 statuit: "Prohibemus omnibus et singulis Archipresbyteris . . . ne auctoritate propria sententias interdicti, excommunicationis aut suspensionis proferant in aliquos subditos seu parochianos suos, nisi de speciali mandato nostro aut officialis nostri aut nisi auctoritate provincialis statuti vel synodalis" (Mansi, XXIII, 1211).

[28] Synod. Rotomagensis a. 1235, c. 59; conc. Londinense a. 1237, c. 28; statuta synod. Cenomanensis a. 1247, pars III.

[29] Constit. Aegidii ep. Saresbiriensis a. 1256 (Mansi, XXIII, 905).

[30] *The Cath. Encyclopedia*, I, 698.

[31] Conc. Paris. a. 1212, c. 14; conc. Rotomag. a. 1214, c. 16.

[32] Maroto, *o.c.*, II, 95.

[33] Decreta Hungarorum a. 1267, c. 10.

post visitationem rationem reddere et depositiones testium ac integra acta exhibere tenebantur.[34] Insuper prorsus abstulit ab eis potestatem cognoscendi causas matrimoniales et criminales.[35] Ita paene omni sua iurisdictione excussi sunt nec aliud in eorum potestate remansit quam ut extra figuram iudicii corriperent delinquentes et ad episcopi iudicium omnia referrent.[36]

Post hanc legislationem communem etiam multa statuta provincialia et dioecesana lata sunt, ulterius immutantia et minuentia potestatem Decanorum et Archipresbyterorum ruralium. Inter quae mentione digna sunt praesertim illa, quae accepta fuerunt sub impulsu legislationis S. Caroli Borromaei de Vicariis foraneis.

Quibus omnibus factum est, ut immediate ante novi Codicis promulgationem tria notanda essent, nempe: 1) In multis regionibus Archipresbyteri et Decani rurales supererant suoque munere fungebantur, sed nullibi iisdem pollebant iuribus ac durante medio aevo. 2) In aliquibus locis totam perdiderunt potestatem, retinentes vacuum tantum nomen et titulum honorificum. 3) In aliis denique regionibus prorsus aboliti fuerunt et in eorum locum Vicarii foranei suffecti sunt, de quibus plenius tractabitur in capite sequenti.

[34] Sessio XXIV, *de ref.*, c. 3.

[35] Sessio XXIV, *de ref.*, c. 20; sessio XXV, *de ref.*, c. 14.

[36] Thomassinus, *o.c.*, P. I, l. II, c. 6, n. 8.

CAPUT VII

De Vicariis Foraneis

Ultima classis sacerdotum, qui aliquam Episcopi iurisdictionem in clerum ruralem exercebant, erant Vicarii foranei. Vocabantur Foranei Vicarii, quia *foris* extra urbem, in qua sedes episcopalis reperiebatur, Episcopi *vices* gerebant iuxta traditam sibi potestatem. Eorum nomen adoptatum et canonizatum est a novo Codice. Sed in hoc capite tractanda est tantum eorum historia ante promulgationem Codicis. Et primo breviter notanda sunt aliqua de Officialibus Vicariisque foraneis medii aevi.

Officiales episcopi a saeculo XII saepius commemorantur, etsi plerumque difficile sit concludere, utrum sint rurales necne. De Officialibus foraneis, non vero de Vicariis foraneis, plane loquitur Innocentius IV anno 1245.[1] Idem dicendum de Clemente V anno 1312.[2] Glossatores tamen, qui hos textus explicabant, promiscue utebantur vocibus Officialis et Vicarii foranei. Ratio est, quia utraque vox aliquando revera idem significabat. Aliquando vero significabat diversa. Auctores recentes, qui de hac re scripserunt, aperte concedunt nullam posse certam regulam *generalem* proponere ad determinandam horum verborum significationem. Varia enim significabant in variis locis.[3]

Idem monendum de Officialium et Vicariorum ruralium potestate, quae ubique pendebat non solum ex Episcopi voluntate, sed etiam ex particularibus dioecesium singularum conditionibus. Ergo impossibilis erat harum institutionum uniformis evolutio, quae permitteret aliquas regulas communes.[4]

[1] C. 1, *de off. ordin.*, I, 16, in VI°.
[2] C. 2, *de rescriptis*, I, 2, in Clem.
[3] Cf. Hinschius, *System des kath. Kirchenrechts*, II, 207.
[4] Hinschius, *o.c.*, II, 208.

Rationes instituendi Officiales et Vicarios foraneos medii aevi erant magnitudo dioecesium et multitudo negotiorum, quae unus Vicarius et Officialis in urbe non amplius soli poterant peragere. Loca, ubi constituebantur, erant ruri extra civitatem episcopalem. Potestates eorum semper erant plus minusve limitatae ad particularia loca vel speciales causas.[5] Attribuebatur eis a scriptoribus iurisdictio delegata; ergo appellabatur ab eis plerumque ad episcopum.[6] Hanc doctrinam vocabat Benedictus XIV communiter receptam usuque comprobatam.[7] "Mit dem Umsturz der katholischen Kirchenverfassung in Deutschland und Frankreich sind . . . die früheren Special-Officialen beseitigt worden, und die hin und wieder entstandenen ähnlichen Neubildungen haben nicht an die älteren Institutionen angeknüpft."[8]

Quandonam ergo Vicarii foranei novi aevi primo instituti sint, non constat apud auctores. Multi tenebant et adhuc tenent cum Thomassino S. Carolum Borromaeum eos primum introduxisse.[9] Quod autem verum non est, si genuina sunt (et talia esse putanda sunt) verba, quae laudat Benedictus XIV, desumpta ex aliquo opere Petri Francisci Zini, primo edito anno 1542.[10] Secundum eius

[5] Pellegrinus, *Praxis vicariorum*, pars I, sect. VII, nn. 1, 4, 9.

[6] Glossa in c. 2, *de rescriptis*, I, 2, in Clem., v. "Foraneo"; Reiffenstuel, *Ius canonicum universum*, l. I, tit. 4, n. 76 et tit. 28, n. 21.

[7] *De synodo dioecesana*, l. III, c. 3, n. 8.

[8] Hinschius, *l.c.* Speciales Officiales iidem erant ac Officiales rurales vel etiam Vicarii foranei. Cf. Hinschius, *o.c.*, pp. 206, 207.

[9] *Vetus et nova Ecclesiae disciplina*, P. II, l. III, c. 76, n. 3. (Cf. tamen eiusdem operis P. I, l. II, c. 6, n. 3, ubi priscis temporibus aperte conceditur existentia Archipresbyterorum et Decanorum ruralium in Italia.) Thomassinum sequuntur e. gr. Dansey, *Horae decanicae rurales*, II, 133; De Meester, *Iuris canonici compendium*, II, 238. Contrariam sententiam de antiquiori origine tenent Wernz-Vidal, *Ius canonicum*, II, 760; Chelodi, *Ius de personis*, p. 305, aliique.

[10] Benedictus XIV, *l.c.*, desumpsit verba, quibus nititur eius argumentum, ex Zini *Exemplo boni Pastoris*, edito Veronae anno 1740, p. 290, ubi dicitur: "Porro cum nec ipse episcopus [Veronensis Gibertus], nec eius Vicarius et reliqui ministri magna negotiorum urbis multitudine distenti, valeant ita accurate ea, quae *ruri* gerenda sunt, intueri, et animadvertere, utrum sacerdotes se recte gerant imperataque faciant; et magis idoneos tamquam *Vicarios* . . . constituit."

argumentum certum esse videtur Vicarios foraneos iam ante dictum annum fuisse in Italia.

Sed quidquid sit de eorum origine, S. Carolo utique tribuendus est honor reformandi Vicarios foraneos divulgandique eorum cognitionem per omnes provincias finitimas.

Tempore institutionis S. Caroli Borromaei in achidioecesi Mediolanensi probabiliter nulli inveniebantur Vicarii foranei.[11] Sed fuisse ibi videntur Archipresbyteri et Decani rurales, quorum officium erat coniunctum cum beneficiis et perpetuum. Hi vero sua munera aut neglexerant aut excusserant et ita ipsum propositum eorum mandati frustraverant. Proinde S. Carolus, qui inter illustrissimos connumeratur Ecclesiae reformatores, decrevit et hanc ecclesiasticam institutionem radicitus instaurare in forma meliori et sub novo nomine Vicariorum foraneorum.[12]

Cuius progressio a constitutione antiquioris institutionis erat tam magna et efficacia nuper formati officii tam superior, ut permultae aliae dioeceses adoptarent exemplum a S. Carolo emendatum.[13] Imo conciliorum Mediolanensium dispositiones ex illo tempore generalem et communem constituebant Ecclesiae legislationem de hac re, etsi nunquam lege pontificia, quae omnes teneret dioeceses, dignae factae sunt.[14] Ideo utile videtur, ut hic breviter saltem nonnulla exponantur statuta praeclarorum illorum Conciliorum provincialium, duce et auspice S. Carolo celebratorum:

"Ut Episcopus in urbe etiam externum gregem facilius quasi praesens intueri et curare possit, deligat aliquot probos sacerdotes, quibus singulis, imposito Vicarii foranei nomine, tribuat certas regiones dioecesis suae."[15] Ad hoc munus eligendi sunt potissimum Archipresbyteri, Archidi-

[11] Cf. Conc. prov. Mediolanen. I a. 1565, part. II, c. 29.

[12] Thomassinus, *o.c.*, P. I, l. II, c. 6, n. 3; Dansey, *o.c.*, II, 133.

[13] Dansey, *l.c.*

[14] Couly, in *Le canoniste*, XLVI (1924), 21.

[15] Conc. Mediolanen. I a. 1565, part. II, c. 29 (Harduin, X, 672).

aconi, Praepositique locorum vel alii viri probi in dignitate ecclesiastica constituti, qui idonei sunt: sin minus, eligendi sunt rectores ecclesiarum paroecialium, qui apti sunt, i. e. "qui perfecte concionandi peritia et conscientiae casuum explicationibus se tales ostendunt, qui aliis multis prodesse atque praeesse possint."[16] Praecipuum Vicarii foranei officium est invigilandi vitae moribusque clericorum, praesertim parochorum; de quibus inquirere debet, an suis muneribus pastoralibus rite fungantur, cultum divinum non negligant, diligenter verbum Dei praedicent, sacramenta administrent, aegrotos visitent, moribundos adiuvent; et si eos negligentes esse animadvertat, culpam eorum ad Episcopum deferat.[17] Vicarii foranei omnes sui territorii presbyteros, curam animarum habentes, semel singulis mensibus congregare debent in capitulis seu conventibus sive collationibus ecclesiasticis. Ibi conferant inter se de bona animarum cura, de difficultatibus paroecialibus earumque remediis. Explicent casus conscientiae, causas episcopo et Sanctae Sedi reservatas, statuta provincialia et dioecesana. Summam disputationum mittant ad episcopum una cum nominibus sacerdotum, studia negligentium vel convenire nolentium.[18] Vicarius foraneus debet quotannis visitare paroecias concreditae sibi regionis et perscrutare, an parochi libros praescriptos habeant, an decreta synodalia et provincialia servent; an quae ecclesiae instaurationem desiderent, an debito cultu fraudentur; an sacris vestibus, ornamentis, supellectilique ad cultum divinum necessaria instructae sint; an denique nulla ex parte incultae. Et de his omnibus debet personaliter episcopo rationem reddere.[19] Vicarii foranei inquirere debent etiam de vita moribusque populi cuiuscumque

[16] Conc. idem et V a. 1579, part. III, c. 2 (Harduin, X, 672, 1051).

[17] Conc. Mediolan. I, part. II, c. 29; idem IV a. 1576, part. II, c. 6 et part. III, c. 7; idem V, part. III, c. 10 (Harduin, X, 673, 851, 928, 1070).

[18] Conc. Mediolan. I, part. II, c. 29; idem II a. 1569, tit. II, decr. 30 (Harduin, X, 672, 673, 747).

[19] Conc. Mediolan. I, part. II, c. 29; idem IV, part. II, c. 10; idem V, part. III, c. 10 (Harduin, 673, 866, 1070, 1075).

paroeciae. Eorum officium est vitia ac morum corruptelas evellandi et virtutes disseminandi.[20] Diligentia eorum etiam scholae doctrinae christianae instituantur vel erigantur in dioecesis vicis aut pagis, ab ecclesia paroeciali distantibus.[21] Vicarius foraneus tenetur episcopo denuntiare parochos non residentes in sua regione.[22] Is certior faciendus est de aegritudine cuiuscumque parochi in sua vicaria regione, quia eius sit officium curandi, ut aegrotus recipiat omnem operam necessariam tam ad reficiendam suam valetudinem quam ad reddendam securam animae suae salutem. Mortuo parocho Vicarii foranei est eius funus persolvere coram universis sui territorii parochis, et postea saltem intra decem dies iterum omnes congregare et cum eis pro defuncto Missam celebrare solemnem de requie.[23] Vicario foraneo obedire debent omnes parochi et alii clerici, quavis dignitate praediti. Qui vero ad mandata eiusdem Vicarii exsequenda contumaces fuerint, puniantur.[24] Vicariis foraneis concedantur ab episcopo variae ampliores facultates e. gr. tempore pestis, vel quando fidelis observatio statutorum difficillima sit, et in aliis quibusdam casibus specialibus.[25] Vicarii foranei ut meri delegati episcopi arbitrio eius semper amoveri possunt a munere et etiam poenas solvere, si male se gesserint in officio sibi demandato.[26]

[20] Conc. Mediolan, V. part. III, c. 10: "Investigent, quae populi in christianae caritatis operibus exercitatio, quam religiosus festorum dierum cultus, quam pia in ecclesiis conversatio, quae in doctrinae christianae scholis frequentia: tum de aliis piis sodalitatibus disquirant, tum denique de reliqua omni eiusdem populi disciplina et in via Domini progressu." (Harduin, X, 1070).

[21] Conc. Mediolan. IV, part. I, cc. 25, 26; idem V, part. I, c. 3, et part. III, c. 10 (Harduin, X, 834, 837, 966, 1070, 1075).

[22] Conc. Mediolan. I, part. II, c. 27 (Harduin, X, 671).

[23] Conc. Mediolan. VI, a. 1582, c. 6; idem II, tit. II, decr. 15 (Harduin, X, 1108, 744).

[24] Conc. Mediolan. I, part. II, c. 29 (Harduin, X, 673).

[25] Conc. Mediolan. V, part. II, c. 10; idem VI, c. 8. Cf. etiam idem V, part. I, cc. 2 et 7; idem IV, part. III, c. 12 (Harduin, X, 996, 1112, 962, 977, 944).

[26] Conc. Mediolan. I, part. II, c. 29 (Harduin, X, 673).

Haec est summa decretorum in illustrissimis Conciliis Mediolanensibus a S. Carolo latorum de Vicariis foraneis eorumque muneribus et officiis. Praestantia eorum tanti aestimabatur, ut exemplum omnis paene legislationis de hac re in posterum facta sint. Dioecesis post dioecesim Vicarios induxit foraneos non solum in Italia verum etiam alibi per orbem christianum.

In quibus primis erat provincia Consentina, quae in suo Concilio anno 1579 sub speciali titulo statuit, "ut in singulas dioeceses, qui magis idonei videbuntur, Vicarii foranei, ubi non adsunt, instituantur."[27] Eodem anno Comitia Melodunensia cleri Gallicani edixerunt, ut "Archipresbyteri aut Vicarii foranei tertio quolibet mense rationem reddere teneantur" episcopo.[28]

Vicarios instituit foraneos et Concilium provinciale Aquense anni 1585 et inter eos divisit singulas dioeceses eademque eis assignavit iura et officia ac Concilium Mediolanense I. Revera usum est iisdem paene verbis, addens passim pauca verba, e. gr. ut Vicariatus foranei contineant octo vel decem paroecias constituanturque in locis insignioribus et frequentioribus.[29] Concilium provinciale Tolosanum anni 1590 reliquit episcoporum voluntati ac iudicio perpendere, an Vicarii foranei sufficiendi sint paucitati et negligentiae Archidiaconorum et Archipresbyterorum.[30]

Concilium provinciale Aquileiense anni 1596, c. 18, super fundamentum illius mirandae disciplinae, quam S.

[27] Mansi, XXXV, 954. Inter alia munera iussi sunt, ut "praecipue inquirant, an a parochis erga miserabiles sub sua cura personas debitum persolvatur officium, ad hoc ne quis ob vitae incommoda decedere cogatur (*Ibid.*).

[28] *Conc. noviss. Gall.*, p. 113 (Thomassinus, *o.c.*, P. I, l. II, c. 6, n. 4).

[29] Harduin, X, 1577, 1578.

[30] "Vicarii, quos foraneos vocant, non minimo episcopis esse consueverunt levamento. Videbunt igitur episcopi, an Archidiaconorum et Archipresbyterorum aut penuria aut defectus Vicariorum eiusmodi operam requirat" (Harduin, X, 1795).—Huius Concilii partis I caput 6 De Vicariis foraneis nihil est nisi coniunctio decretorum, latorum in Conciliis I° et II° Mediolanensi et Aquensi, plus minusve libere redacta.

Carolus instituerat in provincia Mediolanensi, optimam dedit descriptionem Vicariorum foraneorum, quos non solum instituit, sed etiam iisdem instruxit mandatis et iuribus. Addidit insuper aliqua nova. E. gr. parochos, qui ad menstruas Congregationes casuum conscientiae venire recusaverint, iussit poena pecuniaria plectere et mulctas in expensas insumere istarum Congregationum, librorum emendorum cursorumque discurrentium. Si aliquis parochus obierit, Vicarii foranei "in suo libro scribant obitum cum die, mense et anno statimque episcopum moneant: curabunt vero interim, tam vivente curato in aegritudine quam mortuo, ne cura animarum detrimentum patiatur: rerum, bonorum, quaecumque in vita possederit, curam diligentem habeant, ne quid fraudis in praeiudicium eorum, qui succedere de iure debebunt, committatur, invocato etiam super his, si opus fuerit, brachio saeculari." Occasione visitationis paroeciarum Vicariis foraneis "non liceat quidquam ne minimum quidem pecuniae aut ab ecclesia aut ab earum camerariis exigere seu petere, nec sponte oblatum accipere: si contra fecerint, eos declaramus ex nunc poenas iuris a sacro Concilio Tridentino indictas incurrisse."[31]

Concilium provinciale Amalphitanum anno 1597 iussit episcopos in omnibus terris dioecesis, ubi Archipresbyteri vel Praepositi ad id munus obeundum apti non erant, Vicarios constituere foraneos, scientia et virtute eminentiores, quibus ceteri clerici subiecti, sub arbitrii poenis, honorem et obedientiam praestare mandati sunt. Omnibus autem Vicariis foraneis praeter alia officia communia imperavit, ut ubique introducerent Conventus cleri, semel saltem in mense convocandos, etiam ubi huiusmodi conventus adhuc non erant in usu.[32]

In Concilio vero Romano anni 1725 sub Benedicto XIII haec de Vicariis foraneis disposita habentur tit.

[31] Harduin, X, 1919–1921.
[32] Mansi, XXXV, 1134.

7 cap. 2: "Vicarios item foraneos in oppidis insignibus, vel ubi episcopi necesse iudicaverint, ad sui beneplacitum ipsi constituant; iique curam ne habeant animarum, quantum fieri potest, pro viribus studeant. Sint etiam doctrina, pietate et prudentia praediti, qui pro Deo et propter Deum evangelium non erubescant."[33]

Sed inutile videtur multiplicare exempla, quae monstrant naturam officii et potestatem Vicariorum foraneorum et evolutionem legislationis de eis factae per saecula praeterita. Sufficiant sequentia de eorum iuribus et officiis sicut exstabant recenter ante novum Codicem iuris canonici:[34]

Ius commune institutionem Vicariorum foraneorum in singulis dioecesibus non praescribebat; particulare tamen ius, emanans plerumque ex synodis provincialibus, eam quandoque imperabat. Episcopi Galliae, Statuum Foederatorum Americae et alibi poterant libertate plena uti in erigendis et supprimendis Vicariatibus foraneis.[35] Deputatio singulorum Vicariorum ruralium fiebat per liberam nominationem episcopi, salva contraria consuetudine, secundum quam interdum capitulum rurale Vicarium foraneum eligebat. Iura et obligationes Vicarii foranei non erant iure communi definitae, sed unice pendebant sive ex delegatione episcopi, sive ex statutis dioecesanis vel provincialibus, sive etiam ex consuetudine.[36] Vicariis foraneis plerumque competebat ius moderatum visitandi paroecias suae regionis, invigilandi ad instar testium synodalium de vita et honestate cleri et populi; insuper

[33] *Coll. Lac.*, I, 356.

[34] Cf. Wernz, *Ius decretalium*, tom. II, part. II, p. 653 sq.

[35] In Statibus Foederatis Americae nulli inveniebantur Vicarii foranei usque ad annum 1866, cum Concilium Plenarium Baltimorense II suaserit episcopis, ut eos instituerent. Exceptis vero paucis (7) tantum episcopis, parum huic rei animum intenderunt. Feliciorem exitum habuit Concilium Plenar. Baltimorense III anno 1884, cuius suggestione intra paucos annos Vicarii foranei ubique inducti sunt.

[36] A canonistis attribuebatur eis iurisdictio delegata. Cf. Hinschius, *o.c.*, II, 208.

quaeque dioecesis sua habebat statuta particularia de hac re. Vicarii foranei saepe habebant facultates sibi specialiter ab episcopo delegatas, e. gr. concedendi quasdam dispensationes vel licentias minoris momenti, peragendi certas functiones. Tenebantur aliquando providere vicariam administrationem paroeciis per mortem parochorum vacantibus. Generatim debebant praeesse collationibus ecclesiasticis sive conferentiis cleri. Vicarii foranei saepe gaudebant quibusdam praerogativis honorificis quoad titulos, habitum, praecedentiam ratione officii e. gr. quando praeerant congregationibus cleri ut delegati episcopi; in choro vero aliisque functionibus liturgicis nullam habebant praecedentiam. Revocabiles erant ad nutum episcopi ex iusta causa et salvo honore suo sine ullo processu canonico ob negligentias vel culpas in munere commissas.

Haec sunt quae ius ante novum Codicem statuit de Vicariis foraneis. Quorum institutio longe lateque distensa est et nomen eorum ita omnibus innotuit ut obumbratis cunctis aliis nominibus receptum sit in novum iuris canonici Codicem.

PARS II

DE NOVA DISCIPLINA

INTRODUCTIO

Hucusque tractatum est de historica evolutione diversorum officialium, qui medii inter episcopum et parochos ponebantur ad melius faciliusque regendam dioecesim, atque de diversa disciplina, quae variis temporibus iuridicum eorum statum determinabat. Nunc procedendum est ad secundam partem huius dissertationis, videlicet ad praesentem disciplinam.

Ex praecedentibus capitibus novimus veterem esse in ecclesia consuetudinem dividendi dioecesanum territorium in varios districtus qui appellantur diversis nominibus e. gr. archidiaconatus, archipresbyteratus, decanatus, vicariatus foranei. Non minoris antiquitatis est mos praeficiendi istis districtibus archidiaconos, archipresbyteros, decanos, vicarios foraneos, aliosque, de quibus supra erat sermo. Quae consuetudo etsi antiqua, tamen nunquam erat uniformis, sed satis differebat non solum diversis temporibus et locis, verum etiam multiformi disciplina. Ratio huius diversitatis quaerenda est in carentia uniformis communisque legislationis. Nam, ut vidimus, hucusque institutio Vicariorum foraneorum eorumque praedecessorum determinabatur et gubernabatur plerumque a conciliis provincialibus, quae istam institutionem aliquando praescribebant, aliquando vero solummodo commendabant. Ideo usque ad tempora recentissima inveniebantur dioeceses, ubi praeter paroecias omnes aliae divisiones desiderabantur, non sine damno animarum.

His et omnibus aliis rationibus sedulo consideratis, supremus legislator statuit varias formas disciplinae ecclesiasticae de hac re reducere in unum systema idque ad universam extendere ecclesiam. Quo factum est, ut vi novi Codicis iuris canonici institutio Vicarii foranei communis facta sit, habens ubique eundem statum legalem, eandem conditionem iuridicam.[1] Hodie iura et officia Vicarii foranei quoad superiores et quoad inferiores accurate definita sunt. In quorum studium incumbere nostrum est et fiet sequentibus capitibus. Tractabitur primo de Vicariatuum foraneorum institutione et deinde de Vicariorum foraneorum notione, iuribus, officiis, honoribusque.

[1] Cf. Maroto, *Institutiones iuris canonici*, II, 147.

CAPUT I

DE VICARIATUUM FORANEORUM INSTITUTIONE

Sicut universum Ecclesiae territorium in provincias ecclesiasticas et dioeceses divisum est, ita et territorium cuiusque dioecesis in Vicariatus foraneos et paroecias distribuendum est.[1] Prima divisio reservatur soli Sanctae Sedi. Altera vero distributio generatim pertinet ad Episcopum.

"Episcopus territorium suum in regiones seu districtus, pluribus paroeciis constantes, distribuat, qui veniunt nomine vicariatus foranei, decanatus, archipresbyteratus, etc." (c. 217, § 1).

Hic canon definit *notionem* Vicariatus foranei, qui est regio seu districtus, pluribus paroeciis constans, ab Episcopo distributione sive divisione dioecesis constitutus.

Causa efficiens in hac re est Episcopus, cuius nomine venit in iure non solum Episcopus residentialis, sed etiam Abbas vel Praelatus *nullius*, "nisi ex natura rei vel sermonis contextu aliud constet" (c. 215, § 2). Sed haec ultima clausula hic non est applicanda, quia neque natura rei neque sermonis contextus aliam interpretationem nominis Episcopi postulat. Ergo Vicariatus foranei constituuntur primitus ab Episcopis residentialibus, Abbatibus vel Praelatis *nullius*. De Vicariis et Praefectis Apostolicis videbimus infra.

Quid autem de Vicariis Generalibus et Capitularibus ac Administratoribus dioecesanis et Apostolicis, possuntne hi constituere Vicariatus foraneos? Respondetur: non possunt sine speciali mandato, quia legislator curam elaborandi divisionem dioecesis reliquit soli Episcopo et illis, qui in iure veniunt nomine Episcopi.[2] Excipiuntur tamen Ad-

[1] Toso, *Ad Codicem . . . commentaria*, IV, 91.
[2] Cf. Couly in *Le canoniste*, XLVI (1924), 26.

ministratores Apostolici, qui *permanenter* constituti sunt; hi enim eadem iura et officia habent ac Episcopi residentiales (c. 315, § 1); ergo possunt etiam Vicariatus foraneos constituere.

Porro quaeritur: Quae sit vis verbi "distribuat" in § 1 citati canonis 217? Estne hic modus coniunctivus sive subiunctivus Optativus, aut Hortativus, aut Jussivus? Respondetur: Jussivus est non solum secundum omnes interpretatores huius canonis, sed etiam iuxta regulas grammaticales. Modus enim coniunctivus (subiunctivus) generatim adhibetur in lingua latina ut iussivus personae tertiae, qui substituitur pro deficienti persona tertia imperativi.[3] Legislator igitur hic *iubet* omnes Episcopos universae Ecclesiae distribuere suas dioeceses in Vicariatus foraneos.

Obligationem peragendi hanc distributionem probat ultra dubium § 2 huius canonis, de quo sermo erit infra. Qui paragraphus praecipit Episcopo, qui ob impossibilitatem aut inopportunitatem dioecesim suam nondum diviserit in Vicariatus foraneos, ut consulat Sanctam Sedem, patefaciendo ei causas divisionem impedientes et dilationem iustificantes, ac petendo ab ea aliam provisionem. Liquet ergo distributionem dioecesis in Vicariatus foraneos nequaquam pendere ex libero Episcopi arbitrio, sed esse vere obligatoriam.

Et Congregationes Romanae, quae legum universalium optimae sunt interpretes (cf. c. 17, § 1), ita hanc legem intelligunt. Quod patet ex Formula, data a Sacra Congregatione Consistoriali die 4 novembris 1918, servanda ab Ordinariis in Relatione quinquennali. Ad c. 217 dicta S. Congregatio exigit ab unoquoque Ordinario omnium dioecesium, ut "dicat, in quot Vicariatus foraneos, deca-

[3] Stolz-Schmalz, *Lateinische Grammatik*, ed. IV, München, 1910, p. 480; Bennett, *A Latin Grammar*, Boston, 1908, p. 177.—Cf. Maroto, *Institutiones iuris canonici*, I, 616, ubi loquens de dispositionibus, quae modo subiunctivo a legislatore exprimuntur, scribit: "Animadvertendum has dispositiones non esse meras . . . commendationes . . . sed veram ferunt pro Ordinariis obligationem adlaborandi, ut in praxim ipsae reapse deducantur."

natus, archipresbyteratus aliasve circumscriptiones dioecesis divisa sit; quot sint paroeciae, cum numero fidelium earum, quae maximae vel minimae sunt."[4] Episcopus, qui suam dioecesim nondum in Vicariatus foraneos diviserit neque aliam dispositionem a S. Sede obtinuerit, concedere debet sese provisionibus c. 217 nondum satisfecisse.

Quoad *nomen,* quo huiusmodi circumscriptiones appellentur, Codex nihil praescribit. Admittit enim indiscriminatim varia nomina e. gr. vicariatus foranei, decanatus, archipresbyteratus etc. Proinde quodvis nomen adhiberi potest pro diversitate locorum et temporum ac nationum.[5]

Item Codex non determinat *numerum paroeciarum,* quas singuli Vicariatus contineant. Sed quaeri potest: quot paroeciae sufficiant?—Si nomen "decanatus" consideratur etymologice, decem videntur sufficere. Attamen Codex dicit tantum: "districtus, *pluribus* paroeciis constantes." Quapropter numerus potest esse minor vel etiam multo maior. Hoc infertur ex c. 448, § 1, qui loquitur de collationibus sacerdotalibus et permittit "*plures* huiusmodi coetus in variis districtus locis" *eodem* tempore, sive ob amplitudinem Vicariatus foranei, sive ob multitudinem sacerdotum eius.

Cum numerus paroeciarum, complentium Vicariatum, non sit determinatus, sequitur Episcopum posse plena uti libertate etiam in determinando ambitu ac numero *Vicariatuum* in sua dioecesi. Eius est dividere territorium suae dioecesis in Vicariatus foraneos, eosque erigere, aliter circumscribere, dividere, unire, vel etiam unum vel alium supprimere, secundum proprium arbitrium. Separare igitur potest paroecias ab uno Vicariatu et iungere alii vel novo vel iam diu existenti, sicut ei placet. Non adstringitur solemnitatibus, quae requiruntur e. gr. ad divisionem vel unionem paroeciarum. Neque debet sequi politicas divisiones vel beneplacitum potestatis civilis, salvis iuribus

[4] *AAS,* X (1918), 489.

[5] Cf. Maroto, *o.c.,* II, 147.

legitime quaesitis e. gr. vi concordatorum.[6] Neque tenetur Episcopus applicare *titulum* Vicariatus ad aliquam particularem paroeciam vel ecclesiam.[6a] Proinde sedes Vicariatus locari potest in quavis paroecia et transferri ab una ad aliam paroeciam, quandocumque Episcopo videtur.[7] Unica regula, quam in his rebus opus est ut Episcopus sequatur, est bona administratio suae dioecesis.[8]

Quid vero, si distributio dioecesis in Vicariatus foraneos vel impossibilis vel saltem inopportuna videatur ratione gravium circumstantiarum temporis vel loci, parvitatis dioecesis etc., possitne tunc Episcopus praetermittere constitutionem Vicariatuum?

"Si haec distributio, ratione circumstantiarum, videatur impossibilis aut inopportuna, Episcopus consulat Sanctam Sedem, nisi ab eadem iam fuerit provisum" (c. 217, § 2).

Ergo nullus Episcopus sua sponte hoc ius commune negligere et constitutionem Vicariatuum foraneorum omittere potest, sed debet saltem consulere Sanctam Sedem, atque petere instructiones speciales easque postea fideliter exsequi.[9] A qua obligatione excusatur Episcopus tantum, si Sedes Apostolica iam actu positivo de hac re providit.

In c. 217 Codex loquitur tantum de Episcopo et territorio dioecesano et paroeciis; nullum tamen verbum habet de Vicario et Praefecto Apostolico eorumque territoriis et quasi-paroeciis. Unde colligitur Vicarium et Praefectum Apostolicum nulla teneri stricta obligatione dividendi sua territoria in Vicariatus foraneos.[10]

[6] Cf. Wernz-Vidal, *Ius canonicum*, II, 760, 761.

[6a] Casabona, *Synodus dioecesana Clavarensis II*, n. 82; Marelli, *Bergomensis ecclesiae synodus XXXIV*, n. 90; Castro, *Estatutos sinodales de la arquidiócesis de San José de Costa Rica*, n. 147; Rizzi, *Constitutiones synodi dioecesanae*, n. 109.

[7] Itaque verba, quae cl. Badii, *Manuale iuris canonici*, p. 247, inseruit in suam mendosam definitionem, secundum quam Vicarii foranei debeant esse "praesertim parochi *praecipuis* paroeciis praepositi," possint exprimere praxim, sed non sunt necessario vera.

[8] Cf. Couly, *o.c.*, p. 26.

[9] Cf. Maroto, *o.c.*, II, 147.

[10] Cf. Maroto, *o.c.*, II, 147.

Attamen Sancta Sedes optat Vicariatus foraneos introducere etiam in terras Missionum. Quod probatur ab Instructione Sacrae Congregationis de Propaganda Fide, publicata die 25 iulii 1920 circa erectionem quasi-paroeciarum in Vicariatibus et Praefecturis Apostolicis, cuius ultima (9) pars monet: "Optimum demum consilium erit, divisione territorii in quasi-paroecias peracta, dispertiri quoque Vicariatum vel Praefecturam in aliquos districtus, qui plures quasi-paroecias comprehendant, prouti iam in aliquibus Vicariatibus laudabiliter factum est, ut ita etiam Vicariatus foranei adumbrentur atque aptius regimini et administrationi missionis provideatur."[11]

Ex his verbis constat Sanctam Sedem non esse aequo animo erga Vicariatus foraneos in terris Missionum. E contra sincere cupit ibi quoque fieri, quod in ordinariis dioecesibus fieri iussum est. Et illi Vicarii et Praefecti Apostolici, qui eius "optimum consilium" iam exsecuti sunt, laudantur. Sed etiam his, tamquam Episcopis ipsis, licet libere agere, quidquid velint in iis, quae attinent ad amplitudinem et numerum Vicariatuum foraneorum.

Sicut ab Episcopis, ita et ab his postulatur propriorum Vicariatuum foraneorum ratio reddenda. Sacra enim Congregatio de Propaganda Fide die 16 aprilis 1922 misit Epistolam ad Episcopos, Vicarios, Praefectosque Apostolicos ac missionum Superiores: *de Relationibus missionum, singulis quinquenniis exhibendis;* sub capite II, De constitutione Missionis eiusque divisione ecclesiastica, quaeritur n. 6: "An habeantur Vicarii foranei et Missionis districtus ita ordinati sint, ut plures uni sacerdoti tamquam Superiori subsint."[12]

Supra citata Instructio Sacrae Congregationis de Propaganda Fide, data anno 1920, praebet rationes institutionis Vicariatuum foraneorum. Duplex est huiusmodi ratio, scilicet: a) ut ita etiam illi districtus Missionum inducantur sub protectionem ecclesiasticae disciplinae, b)

[11] *AAS*, XII (1920), 332–333.

[12] *AAS*, XIV (1922), 289.

ut facilius et melius regantur et administrentur Vicariatus et Praefecturae Apostolicae. Quae ipsae rationes valent etiam de institutione Vicariatuum foraneorum in dioecesibus ordinariis, quamquam c. 217 eas non praebet.

Ex omnibus hucusque dictis sequitur, ut ex praescripto iuris communis Ecclesiae nunc in ordinariis rerum adiunctis omnes Episcopi residentiales habeant non amplius meram facultatem, sed strictam obligationem dividendi territorium suarum dioecesium in Vicariatus foraneos.[13] Excipitur sola specialis dispensatio, obtenta a Sede Apostolica. Vicarii et Praefecti Apostolici hanc obligationem non habent; eis tamen suadetur, ut exemplum sequantur Episcoporum et in suis Missionibus similiter Vicariatus foraneos instituant in bonum Ecclesiae, salutemque animarum. Omnibus tamen licet libere elaborare partes singulas divisionis, sicut eis opportunius videtur.

[13] Cf. Couly, *o.c.*, p. 26.

CAPUT II

De Vicarii Foranei Notione, Electione, Amotione

Divisio dioecesis in Vicariatus foraneos, de qua sermo erat in praecedenti capite, nihil proficeret, si isti districtus sine ducibus remanerent. Proinde legislator decrevit unicuique ex his Vicariatibus praeficere virum, qui vocatur Vicarius foraneus.

TITULUS I

De Vicarii Foranei Notione

"Vicarius foraneus est sacerdos, qui Vicariatui foraneo, de quo in can. 217, ab Episcopo praeficitur" (c. 445).

Hic canon praebet definitionem Vicarii foranei. Quae plene perscripta ita sonat: Vicarius foraneus est sacerdos, qui districtui dioecesis, pluribus paroeciis constanti, ab Episcopo praeficitur.[1] Vocatur *Vicarius*, quia vices alterius i. e. Episcopi gerit;[2] et *Foraneus* nuncupatur, quia officium suum foris i. e. extra fores vel ianuas civitatis episcopalis exercet.[3]

Nomen Vicarii foranei Codex canonizavit i. e. ubicumque sermo est de praefecto Vicariatus foranei, nullibi utitur alio nomine, sed semper in unoquoque canone

[1] Ex variis plus minusve bonis definitionibus Vicarii foranei, nuper divulgatis a diversis doctoribus, toto coelo differt ea, quam praebet cl. Bargilliat, *Praelectiones iuris canonici*, II, 34. Secundum eum "Vicarius foraneus est ille, qui permanenter ab Episcopo in certa dioecesis parte aut ad certos actus deputatur." Quae notio, ex antiquis glossatoribus desumpta, post Codicem obsoleta est.

[2] Non recte vicarii notionem definivit Raus, *Institutiones canonicae*, p. 228, qui scripsit: "Vicarius est, qui potestatem aliquam delegatam ac limitatam accipit ab Episcopo." Nam haec definitio nulli vicario (sive Foraneo, sive Generali, sive Apostolico) applicari potest.

[3] Hae saltem generalis notio est. Sed in casibus particularibus Vicarii foranei inveniuntur etiam in urbibus, nominatim in magnis civitatibus, quae temporibus recentioribus in immensum creverunt et ubi Episcopi soli non amplius numeroso clero attendere possunt.

huiusmodi adhibet tantum nomen Vicarii foranei. Quod vero non videtur prohibere alia nomina. Sicut enim nominibus decanatus, archipresbyteratus etc. licet uti, ita analogice permittuntur etiam nomina decani, archipresbyteri etc.

Supra citatam definitionem Vicarii foranei exponit et amplificat canon, qui sequitur.

TITULUS II

De Vicarii Foranei Electione

"Ad munus Vicarii foranei Episcopus eligat sacerdotem, quem dignum iudicaverit, praesertim inter rectores ecclesiarum paroecialium" (c. 446, § 1).

Hic canon vocat officium Vicarii foranei *munus* (intelligitur ecclesiasticum). Quid sit munus sive officium ecclesiasticum? Responsum ad hanc quaestionem reddit c. 145, § 1: "Officium ecclesiasticum lato sensu est quodlibet munus, quod in spiritualem finem legitime exercetur; stricto autem sensu est munus ordinatione sive divina sive ecclesiastica stabiliter constitutum, ad normam sacrorum canonum conferendum, aliquam saltem secumferens participationem ecclesiasticae potestatis sive ordinis sive iurisdictionis." Et secundum § 2 eiusdem canonis: "In iure officium ecclesiasticum accipitur stricto sensu, nisi aliud ex contextu sermonis appareat." In canonibus, qui de Vicario foraneo tractant, nullibi invenitur sermo, ex cuius contextu appareat officium Vicarii foranei alio sensu esse intelligendum. Ergo sensu stricto accipiendum est.

Sed congruitne officium Vicarii foranei definitioni citatae officii ecclesiastici sensu stricto? Utique congruit. Nam officium Vicarii foranei est (1) verum *munus*, quia ita expresse vocatur in c. 446;—(2) est munus *ordinatione ecclesiastica constitutum*, teste toto capite VIII tituli VIII libri II novi Codicis, inscripto *De Vicariis Foraneis;*—(3) est *stabiliter* constitutum ab eodem Codice, videlicet ex parte officii ipsius, sicut iam expositum est;—(4) munus *ad normam sacrorum canonum conferendum* est, nempe canonis 446, ut infra explicabitur; fundatum enim est iure communi publici Ecclesiae, proinde et regitur canonibus eiusdem iuris, non arbitrio Episcopi vel alterius superioris;[4] —(5) est munus *aliquam saltem secumferens participationem ecclesiasticae potestatis iurisdictionis*, si non ordinis, quod concedunt fere omnes auctores, qui de hac re scripserunt, etiam illi, qui potestatem ordinariam Vicariis foraneis negant; habent enim Vicarii foranei ius invigilandi factis clericorum vicariatus sui, praesertim quoad res in c. 447, § 1 descriptas, visitandi eiusdem paroecias, ducendi collationes pastorales etc. Nemo negare potest haec denotare "saltem" aliquam potestatem, quam reliqui sacerdotes vel etiam parochi non habent.—Ergo munus Vicarii foranei est verum officium ecclesiasticum sensu stricto.

De officiis ecclesiasticis affirmat ius commune ea non posse sine *provisione canonica* valide obtineri (c. 147, § 1). Collatio quoque iurisdictionis requirit canonicam missionem seu provisionem (c. 109). Et Codex ipse exponit, quid ea sit intelligendum: "Nomine canonicae provisionis venit concessio officii ecclesiastici, a competente auctoritate ecclesiastica ad normam sacrorum canonum facta" (c. 147, § 2).

Hic iterum occurrunt verba "ad normam sacrorum canonum." Quinam sint illi canones, ad quorum normam officium Vicarii foranei conferendum sit? Unicus canon, qui in nostram deliberationem cadere potest, est c. 446, § 1. Et secundum normam huius canonis *Episcopus* est, qui eligit Vicarium foraneum. Intelligitur Episcopus residentialis, qui Ordinarius est illius districtus, ubi invenitur Vicariatus foraneus, cui providendum est.

Idem ius sane competit etiam Abbati et Praelato *nullius*, qui veniunt nomine Episcopi (c. 215, § 2), Vicario et Praefecto Apostolico et illi Administratori Apostolico,

[4] Cf. Maroto, *Institutiones iuris canonici*, I, 675.

qui *permanenter* constituitur (c. 315, § 1), quia Episcopo aequiparatur.[5]

A iure eligendi Vicarium foraneum autem excluduntur Vicarius Generalis et Capitularis, Administrator dioecesis et Apostolicus, nisi habeant speciale mandatun.[6] Nam Vicarius Generalis expresse excipitur a c. 152. Vicarius Capitularis, Administrator dioecesis et Apostolicus vero excluduntur, quia non veniunt nomine Episcopi, ut patet ex c. 215, § 2. Neque applicari potest clausula huius ipsius canonis: "nisi ex natura rei vel sermonis contextu aliud constet." Nulla enim certa et evidens ratio invenitur in canonibus Codicis, cur isti includantur nomine Episcopi saltem quod attineat ad nominationem et amotionem Vicariorum foraneorum.

Modus ipse *eligendi* Vicarium foraneum relinquitur iudicio Episcopi, qui procedere potest quocumque modo.[7] Codex tantum dicit: "eligat" (c. 446, § 1). Recenseri tamen solent tres actus, pertinentes ad provisionem canonicam: 1) designatio personae, cui officium concedendum est; 2) concessio tituli seu ipsius officii cum suis iuribus et obligationibus; 3) introductio in possessionem officii. Provisio substantialiter efficitur per secundum actum, a quo primus actus saepe non distinguitur; tertius vero ex ipsa rerum natura non est necessarius, salva contraria voluntate legislatoris, quia iam in secundo actu includi potest.[8]

Ad normam c. 446, § 1 Episcopus est sola et unica competens auctoritas ecclesiastica, quae ius habet non solum eligendi Vicarium foraneum, sed etiam concedendi officium et cum officio iurisdictionem seu iura et obligationes. Hoc vocatur in iure libera collatio (c. 148, § 1). Insuper etiam introductio Vicarii foranei in possessionem officii (quae tamen non praescribitur) competit soli Epis-

[5] Cf. Maroto, *o.c.*, I, 718.

[6] *Ibid.*

[7] Cf. Maroto, *o.c.*, I, 721.

[8] Cf. Maroto, *o.c.*, I, 686, 687.

scopo, qui proinde in hac re plenam provisionem habet.[9] Si quaevis alia persona sive physica sive moralis ius ad unum ex his actibus sibi contra Episcopum vindicare velit, habeat onus illud probandi (c. 152).[10]

Porro cum provisio, ut valida sit, facienda sit ad normam sacrorum canonum, in casu nostro canonum 445 et 446, § 1, proinde requiritur, ut ad munus Vicarii foranei Episcopus eligat *sacerdotem*. Merus clericus non sufficit, multo minus laicus, qui vi c. 118 non potest ullam potestatem sive ordinis sive iurisdictionis ecclesiasticae obtinere. Ergo character sacerdotalis in Vicario foraneo absolute et stricte requiritur ad validitatem eo vel magis quod ex c. 453, § 1, soli presbyteri assumendi sunt in parochos, quorum Vicarius foraneus sit custos.[11]

Insuper Episcopo commendatum est suum Vicarium foraneum eligere "praesertim inter rectores ecclesiarum paroecialium," aliis verbis: inter *parochos*. Ratio est, quia sacerdos, qui ipse ministerium paroeciale gerebat, peritior est et aptior ad tale officium recte et caute exercendum, cum destinatus sit consiliarius et custos suorum confratrum, qui fere omnes curam agunt animarum.[12]

Legislator videtur etiam optare Vicarium foraneum

[9] Cf. Chelodi, *Ius de personis*, p. 210; Maroto, *o.c.*, pp. 711, 712. "Missio in possessionem . . . non habetur generatim in officiis, quae beneficium annexum vel dignitatem ecclesiasticam maiorem non continent, ut accidit . . . in officiis . . . Vicarii foranei . . . Ipsa concessio tituli vel officii praebet etiam facultatem actualem exercendi munus concessum" (*ibid.*)

[10] In aliquibus dioecesibus parochis Vicariatus foranei licet, sive ex consuetudine sive ex libera voluntate Episcopi, ad eum mittere nomina trium parochorum, qui eis digni videntur officio Vicarii foranei. Sed Episcopus generatim sibi reservat ius reiiciendi omnes ita designatos et eligendi omnino alium parochum. Ita in archidioecesi Coloniensi. Cf. *AKKR*, CI (1921), 72, 73; Wernz-Vidal, *Ius canonicum*, II, 257, 761.

De capitulis ruralibus, quae ex consuetudine centenaria ipsae suum Decanum eligunt, dicit cl. Eichmann, *Lehrbuch des Kirchenrechts*, pp. 187–188: "Wo seit 100 Jahren Landkapitel bestehen, welche ihren Dekan selbst wählen, kann der Bischof diese Gewohnheit auch in Zukunft dulden, da sie vom CIC nicht ausdrücklich reprobiert ist (c. 5)."

[11] Cf. etiam c. 153, § 1; Maroto, *o.c.*, I, 700.

[12] Couly, in *Le canoniste*, XLVI (1924), 28.

futurum esse ex parochis eiusdem districtus. Quod revera plerumque evenire solet.[13]

Attamen textus non loquitur imperative, et Episcopus, solus circumstantiarum iudex, retinet ius sumendi suum Vicarium foraneum, *undecumque* vult et etiam praeficiendi Vicariatui sacerdotem, qui nullam gerit curam animarum.[14] Imo ob particularia rerum adiuncta licet ei eligere etiam sacerdotem extra-dioecesanum.[15] Debet autem eum dignum iudicare.[16]

Ex dictis certum est iure communi officium sive titulum Vicarii foranei *non adhaerere alii titulo* aut beneficio, aut paroeciae. Est quidem in multis dioecesibus consuetudo coniungendi officium Vicarii foranei seu decani cum principali paroecia districtus; sed haec consuetudo cum amovibilitate Vicarii foranei ad nutum male conciliatur.[17] Ubi igitur habentur decanatus vel archipresbyteratus, qui sunt beneficia ut in Gallia, Vicarius foraneus non debet esse archipresbyter vel decanus. Si autem ambos titulos accumulaverit, potest perdere officium Vicarii foranei, sed retinere suum beneficium seu paroeciam.[18]

Quid de *qualitatibus* requisitis in Vicario foraneo? Adest canon generalis, qui loquitur de dotibus, exigendis pro officiis ecclesiasticis. Iuxta eum clericus, ad vacans

[13] Cf. Couly, *ibid.;* etiam notam 10 supra.

[14] Rizzi, *Constitutiones synodi dioecesanae,* n. 109 dicit: "Eo [officio Vicarii foranei] etiam simplex sacerdos, qui parochus non sit, insigniri potest."

Fanfani, *De iure parochorum,* p. 367, proponit quaestionem: Instituine potest in Vicarium foraneum sacerdos religiosus, etiam si non sit parochus? Et ipse respondet: Non videtur omnino prohibitum, si Episcopo placuerit. —Melior tamen esset responsio: Potest sufficienti causa.

[15] De loco residentiae eius cf. c. 448, § 2.

[16] Cf. Couly, *ibid.*—Hic afferri potest quaestio: Nominarene possit Episcopus vice-decanum foraneum, qui ipso decano aegrotante vel absente vel aliter impedito eiusdem muneribus fungatur?—Respondetur posse, quia hoc nulla lege generali prohibetur.

[17] Cf. Chelodi, *o.c.,* p. 340; Toso, *Ad Codicem . . . commentaria,* IV, 92.

[18] Cf. Couly, *o.c.,* pp. 26, 27.

officium promovendus, debet esse iis qualitatibus praeditus, quae a iure communi vel particulari vel a lege fundationis ad idem officium requiruntur (c. 153, § 1). Praetermissis iuribus particularibus et legibus fundationis, nullus invenitur canon iuris communis, qui singulatim notaret qualitates Vicarii foranei. C. 446, § 1 dicit tantum: "Ad munus Vicarii foranei Episcopus eligat sacerdotem, quem *dignum* iudicaverit."

Sed qualis sacerdos sit dignus? Aliquam responsionem ad hanc quaestionem praebet c. 453, § 2, qui loquitur de moralibus dotibus, requisitis in parocho. Et cum plurimi Vicarii foranei sint parochi, hic canon pertinet etiam ad eos. "Sit bonis moribus," inquit, "doctrina, animarum zelo, prudentia, ceterisque virtutibus ac qualitatibus praeditus, quae ad vacantem paroeciam cum laude gubernandam iure tum communi tum particulari requiruntur."[19] Imo laudatis virtutibus Vicarius foraneus eminere debeat ex ceteris sui districtus sacerdotibus, quibus praesit, ut revera eis bonum exemplum praebeat. Insuper cum sit eorum dux et custos, versatus sit oportet etiam in iure generali Ecclesiae et in particularibus statutis dioecesanis.[20]

Sacerdos, pollens omnibus praefatis qualitatibus, probabiliter in plurimis locis ab Episcopo dignus iudicaretur,

[19] Aliqua de hac re statuta sunt etiam a Concilio Lateranensi III a. 1179 celebrato sub Alexandro III, ubi legitur: "Inferiora etiam ministeria, ut puta decanatum, archidiaconatum et alia, quae curam animarum habent annexam, nullus omnino suscipiat, sed nec parochialis ecclesiae regimen, nisi qui iam vigesimum quintum annum aetatis attigerit et scientia et moribus commendatus existat." (Est c. 7, X, *de electione et electi potestate*, I, 6.) Hoc Concilium non erat sub Innoc. III, nec aetas 25 annorum nunc in Codice exigitur ad presbyteratum, ut scribit cl. Blat, *Commentarium textus Codicis iuris canonici*, ed. III., vol. II, 478. Notandum est, quod nunc a iure communi directe nulla praescribitur aetas Vicarii foranei, etiam minima; indirecte autem determinatur in eo, quod promovendus debet esse sacerdos, ergo saltem 24 annos natus (c. 975).

[20] Gradus autem academici iure communi ab eo non exiguntur.

ut eligatur Vicarius foraneus.[20a] Quarum rerum ultimus iudex est Episcopus, cui relinquitur etiam modus decernendi dignitatem sacerdotis eligendi ad hoc officium. Meminerit tamen, priusquam officium concedat, omnibus perpensis, assumendum esse *magis* idoneum sine ulla personarum acceptione (c. 153, § 2).

Haec ultima regula applicanda est in casu, quo electio fieri debet inter plures idoneos seu dignos. Quorum dignior vel dignissimus ille est, qui, omnibus perpensis, ut dicit canon, ad munus Vicarii foranei rite obeundum magis vel maxime aptus censeatur. Sed discrimen inter dignos et digniorem sit notabile necesse est, secus modicum pro nihilo habetur.[21]

Quoad tempus regula generalis est, ut officia ecclesiastica ultra sex menses vacare non debeant. Intra hoc tempus omnis provisio, ergo et Vicarii foranei, facienda est, nisi speciali lege alius terminus praescribatur (c. 155). Provisio tamen nova nihil valet, nisi officium sit vacans (cc. 150,151).

Officii provisio Vicario foraneo scriptis consignetur (c. 159) ad vitandas varias difficultates. Sed oretenus etiam valeret et sustineretur.[22] Iusiurandum et professio fidei iure communi ab eo non requiruntur. Possunt tamen praescribi iure particulari.[23]

[20a] Eius qualitates describuntur a nonnullis statutis dioecesanis. E. gr. iuxta Castro, *Estatutos sinodales . . . de San José de Costa Rica*, n. 146, Vicarii foranei debent esse "sacerdotes, adornados de doctrina, piedad y prudencia." Iuxta Turner, *Synodus dioecesana Buffalensis XXVII*, art. 71, § 3: "Decani ceteris parochis bono exemplo scl. prudentia, doctrina aliisque virtutibus debent praecellere." Secundum Ryx, *Prima synodus dioecesana Sandomiriensis*, n. 60: "Decanus et vicedecanus praeprimis studeant exemplum praestare ceteris sui districtus presbyteris vitae et morum integritate, sedula sui officii executione, impigra et strenua animarum cura." Et secundum Klein, *Paderborner Diözesan-Synode 1922*, p. 188: "So soll der Dechant sich bemühen, in allen priesterlichen Tugenden dem Klerus des Dekanats als Vorbild voranzugehen."

[21] Cf. Maroto, *o.c.*, I, 697.

[22] *Ibid.*, p. 710.

[23] Ita in dioecesibus Coloniensi (*AKKR*, CI, 73) Lavantina (Napotnik, *Gesta et statuta*, p. 180), Paderborn (Klein, *Paderborner Diözesan-Synode*, p. 187), Sandomiriensi (Ryx, *Prima synodus dioecesana*, n. 59), Varsaviensi (Kakowski, *Synodus archidioecesana*, stat. 34), etc.

TITULUS III

De Vicarii Foranei Amotione

Provisio canonica generatim fit ad tempus incertum et indeterminatum. Propterea quodammodo pro perpetua habetur et revera ad vitam provisi extendi potest.[24] Sed semel nominatus non obtinet ius perpetuum ad officium.

"Vicarius foraneus ad nutum Episcopi amoveri potest" (c. 446, § 2).

Eadem igitur libertate amovetur, qua eligitur ab Episcopo; non autem ab aliis. Hic valet regula iuris: "Omnis res per quascumque causas nascitur, per easdem dissolvitur."[25] Itaque Vicarius foraneus amoveri potest tantum a superioribus iam enumeratis, qui potestatem eum eligendi habent. Non tamen amittit suum officium, resoluto quovis modo iure Episcopi, a quo suum officium acceperat (c. 183, § 2).

Cum Vicarius foraneus revocabilis sit ad nutum Episcopi, hic potest eum amovere ad normam c. 192, § 3, seu amotione simplici. Iuxta hunc canonem Episcopus potest officio privare Vicarium foraneum: (1) ex qualibet iusta et rationabili causa, quae relinquitur prudenti arbitrio Episcopi. Tales causae permultae esse possunt e. gr. imperitia, provecta aetas vel negligentia officiorum sive legis residentiae, post unam vel alteram monitionem, permanens infirmitas corporis vel mentis, bonum ipsius Vicarii foranei etc.;[26]—(2) nullum requiritur delictum ex parte Vicarii foranei, sed utilitas Ecclesiae et animarum sufficit, quia "salus animarum suprema lex";—(3) servanda tamen est aequitas naturalis, praesertim si privatio sit citra delictum, ne Vicarius arbitrarie amotione nimis gravetur vel eius honor detrimentum patiatur; item consideranda sunt eius praevia merita et ministeria in

[24] Hoc reipsa fit lege particulari in nonnullis dioecesibus; cf. Ryx, *o.c.*, n. 59; *AKKR*, CI (1921), 73; Maroto, *o.c.*, I, 710.

[25] C. 1, X, *de regulis iuris*, V, 41.

[26] Cf. c. 2147, § 2; Augustine, *A Commentary on Canon Law*, II, 165.

dioecesi;[27]—(4) sed certum modum procedendi Episcopus sequi minime tenetur; cum igitur nulla forma specialis processus vel strepitus iudicii requiratur, neque consilio neque approbatione examinatorum synodalium vel capituli aut consultorum opus est.[28]

Privatio tamen effectum non habet nec Vicarius officium amittit, nisi postquam privatio ei fuerit ab Episcopo intimata i. e. authentice manifestata.[29] Sed a decreto Episcopi habet Vicarius foraneus recursum ad Sanctam Sedem, etsi in devolutivo tantum (c. 192, § 3). Aliis verbis: decisio Episcopi valet et Vicarius revera deponitur eiusque officium alii conferri potest.[30] Attamen recurrere potest ad S. Congregationem Concilii vel de Propaganda Fide, si sit in Missionibus, cuius decisioni subiicere se debet.[31] Quae autem remotionem ab Episcopo decretam vix non sustinebit, nisi manifestus error detegatur in Episcopi decisione.

Commemoratae modo sunt magnae praerogativae Episcopi in amovendis Vicariis foraneis. Sed etsi extendantur eius potestates, non tamen sine limitibus sunt, ut monet cl. Couly in sua saepius laudata dissertatione de Vicariis foraneis. "Nous," inquit, "n'hésitons pas à dire qu'il [Episcopus] outre-passerait son droit et serait même passible de dommages si, sans raison aucune ou pour des motifs futiles, il destituait un vicaire forain alors surtout qu'en fait, comme cela se produit dans la plupart des diocéses de France, les fonctions de vicaire forain restent quasi attachées à une cure, décanale ou autre, et si la destitution presentait, de la part de l'Evêque, un caractère de pénalité."[32]

Insuper amittit Vicarius foraneus suum officium renuntiatione, privatione, amotione, translatione (c. 183, § 1).

[27] Cf. Cocchi, *Commentarium in Codicem*, II, 206; Augustine, *l.c.*

[28] Cf. Augustine, *o.c.*, II, 166; Cocchi, *o.c.*, p. 205.

[29] Vermeersch-Creusen, *Epitome iuris canonici*, I, 175.

[30] Maroto, *o.c.*, I, 817.

[31] Cf. Augustine, *o.c.*, II, 166.

[32] *Le canoniste*, XLVI (1924), 27. Cf. c. 192, § 3.

Renuntiatione enim, si sua sponte dimittat officium. Privatione, si ob gravem culpam officium ab eo auferatur. Translatione, si e. gr. in alterum Vicariatum foraneum transferatur. Et denique morte naturali.

Summa investigationis in hoc capite factae de notione, electione, amotioneque Vicarii foranei ita breviter referri potest: Codex utitur nomine Vicarii foranei tantum, non vero vetat alia nomina. Iure communi solus Episcopus et illi, qui veniunt Episcopi nomine, possunt eligere Vicarium foraneum. Qui sub poena nullitatis debet esse sacerdos; praeferendus est parochus simplici sacerdoti. Lege communi tantum sacerdos dignus eligatur. Qui sit dignus, expositum est. Iudicium de ista dignitate relinquitur Episcopo. Ultimo Vicarius foraneus amovibilis ad nutum Episcopi dictus est, et varii modi, quibus suum officium perdere potest, breviter monstrati sunt.

CAPUT III

De Vicarii Foranei Iurisdictione in Genere

In capite praecedenti, ubi sermo erat de officio Vicarii foranei, commemorata est etiam iurisdictio, etsi obiter tantum. Quaestio de iurisdictione magni momenti est, quia ex ea pendet status iuridicus Vicarii foranei. Si ista iurisdictio est ordinaria, delegari potest; si mere delegata, tum Vicarius foraneus nullum habet officium sensu stricto, sed tantum vanum titulum, quia relinqui possit omnino sine iurisdictione.[1]

Quaestio de iurisdictione potius difficilis esse videtur, cum doctores, qui de ea post novum Codicem scripserunt, in contrarias distrahantur sententias. Alii aliam defendunt opinionem.[2]

In responsione ad hanc quaestionem tractandum est in hoc capite, primo de existentia iurisdictionis Vicarii foranei, deinde de eiusdem qualitate.

[1] Cf. De Meester, *Iuris canonici compendium*, II, 240, qui vere hanc possibilitatem concedere videtur. In quo casu Episcopus possit solum titulum conferre Vicarii foranei, iurisdictionem tamen, a Codice determinatam, suspendere ad libitum.

[2] Iurisdictioni ordinariae favent: Maroto, *Institutiones iuris canonici*, I, 831, 832, 835; Chelodi, *Ius de personis*, p. 340; Eichmann, *Lehrbuch des Kirchenrechts*, p. 188; Wernz-Vidal, *Ius canonicum*, II, 761; Rossi, *De paroecia*, p. 85; Couly, "Les Vicaires forains, d'après la nouvelle législation canonique," *Le canoniste*, XLVI (1924), 29, 30; Bouuaert, *Manuale iuris canonici*, p. 281; Cocchi, *Commentarium in Codicem*, III, 364; Toso, *Ad Codicem iuris canonici commentaria*, IV, 93.

E contra iurisdictionem Vicariorum foraneorum esse delegatam docent: *Il monitore ecclesiastico*, XXXII (1920), 27; Blat, *Commentarium textus Codicis*, II, 480; Vermeersch-Creusen, *Epitome iuris canonici*, I, 276; Badii, *Manuale iuris canonici*, I, 247; Solieri, *Institutiones iuris ecclesiastici*, p. 302; Bargilliat, *Praelectiones iuris canonici*, II, 34; De Meester, *o.c.*, II, 239; Raus, *Institutiones canonicae*, p. 228; Fanfani, *De iure parochorum*, p. 369; Ayrinhac, *Constitution of the Church*, p. 292.

TITULUS I

De Existentia Iurisdictionis Vicarii Foranei

Primo opus est examinare quaestionem, utrum Vicarii foranei habeant ullam iurisdictionem necne. Sunt enim quidam auctores, qui omnem iurisdictionem Vicariis foraneis negare videntur.

Quid est *Iurisdictio?*—Etymologice verbum iurisdictio derivatur a vocibus *ius dicere*, iudicare. Hoc sensu verbum accipiebatur veteri iure romano. Sensu latiori iurisdictio definiri solet: omnis potestas publica regendi subditos. Iurisdictio vero ecclesiastica est *potestas publica legitimi superioris, a Christo vel ab Ecclesia per canonicam missionem concessa, regendi baptizatos in ordine ad vitam aeternam.*[3] Quae definitio indiget aliqua explicatione:

Verbum *potestas* deducitur a voce *posse* vel *potis esse* et denotat capacitatem (facultatem) aliquid faciendi. Deinde significat multiformam auctoritatem praesertim regendi. Quae potestas regendi (seu iurisdictio proprie dicta) continet omnes potestates, quibus fideles ad salutem aeternam diriguntur, videlicet iudicialem, legiferam, executivam.—Ab aliis eadem universa potestas ecclesiastica dividitur in iudicialem seu contentiosam et non iudicialem seu voluntariam.[4] Prior est ius declarandi legis applicationem actibus subditorum et in forma stricte iudiciali exercetur in controversiis et causis criminalibus. Posterior est omnis alia potestas iurisdictionis, quae proinde formalitatibus stricte iudicialibus non subiicitur.—Potestas iurisdictionis non iudicialis dividitur in legiferam, gratiosam, gubernativam, administrativam etc. Legifera est ea potestas, qua leges conduntur et societas Ecclesiae ordinatur. Gratiosa est potestas, qua superior concedit dispensationes, favores, indulgentias, privilegia. Administrativa est potes-

[3] Maroto, *o.c.*, I, 661, Cf. Wernz-Vidal, *o.c.*, II, 49.

[4] Wernz, *Ius decretalium*, II, 15; Maroto, *o.c.*, I, 863; Wernz-Vidal, *o.c.*, II, 364; Hilling, *AKKR*, CV (1925), 471.

tas, qua cura geritur regiminis Ecclesiae, et exercetur modo paterno sine forma iudiciali.[5] Gubernativa est potestas, qua magistratus conduntur vel leges latae applicantur, earumque observatio urgetur etc.; admittit etiam aliquam punitionem, saltem si limites paternae correctionis non excedat.[6]

Iam possuntne aliquae partes definitionis recitatae applicari Vicariis foraneis?—Possunt, videlicet:

Vicarii foranei habent aliquam *potestatem* seu auctoritatem e. gr. canonice visitandi paroecias (c. 447, § 2), invigilandi sacerdotibus sui districtus, observandi eorum vitam moresque, inspiciendi ecclesias, examinandi materiam Sacrificii Missae, investigandi sacram supellectilem, perscrutandi libros paroeciales (c. 447, § 1), convocandi conferentias pastorales eisque praesidendi atque eas moderandi (c. 448, § 1), curandi infirmis parochis, custodiendi bona ecclesiastica (c. 447, § 3), intendendi in conservationem eorum (c. 1478), hortandi et monendi viros ecclesisaticos de observatione variarum legum canonicarum, ducendi funera parochorum defunctorum (c. 447, § 3), adhibendi remedia ad mala et scandala reparanda (c. 449), dandi licentiam litigandi (c. 1526), suscipiendi iuramenta (c. 1522). Signum eorum auctoritatis est etiam corum sigillum (c. 450). Hae potestates facultatem paterne puniendi non excedunt nec iure communi includunt aliquam auctoritatem iudicandi seu coercendi sensu stricto. Attamen quamquam non sint magnae potestates Vicariorum foraneorum, non vero prorsus desunt. Proinde licet et debet dici Vicarios foraneos habere aliquam potestatem ecclesiasticam sensu stricto. Potestas, quae eis data est, vocanda est *publica,* quia exercetur in coetum publicum i. e. in parochos et alios clericos, qui ruri degunt et plerumque publicis officiis funguntur. Vicarii foranei sunt *superiores,* quia praesunt et praecedunt omnibus parochis aliisque sacer-

[5] Cf. Chelodi, *o.c.*, p. 289.

[6] Cf. Wernz, *o.c.*, II, 16.

dotibus sui districtus.[6a] Sunt superiores *legitimi*, quia gerunt officium iure canonico institutum. Eorum potestas est *concessa ab Ecclesia* simul cum officio, cui potestas annexa est. Et potestatem obtinent cum munere *per canonicam missionem*, sicut iam supra explanatum est. Nullam habent potestatem iudicialem, neque legiferam, neque gratiosam. Habent autem semper aliquam potestatem *administrativam*, quoniam possunt et debent aliquando sacerdotes sibi subiectos tractare et paterno modo monere praesertim circa conservationem et administrationem bonorum ecclesiasticorum et similia. Item habent aliquam potestatem *gubernativam*, quia debent curare legibus latis praecipue disciplinaribus et etiam paterno modo corrigere suos subditos.[7] Ergo Vicarii foranei habent aliquam *potestatem regendi*. Quam potestatem exercent in *baptizatos in ordine ad salutem aeternam*, quod nulla indiget argumentatione.

Conclusio.—Ex praemissis constat definitionem iurisdictionis ecclesiasticae convenire cum potestate Vicarii foranei. Ergo habet Vicarius foraneus iurisdictionem.[8]

TITULUS II

De Qualitate Iurisdictionis Vicarii Foranei

Probata existentia iurisdictionis, quae Vicariis foraneis competit, necesse est determinari qualitatem vel speciem eiusdem iurisdictionis. Nam omnis potestas ecclesiastica iurisdictionis seu regiminis (utroque enim termino utitur Codex in c. 196) dividitur in ordinariam et delegatam (c. 197, § 1). Oritur igitur quaestio, utrum Vicarii foranei

[6a] Vocantur "Superiores" a S. Congr. de Prop. Fide; cf. supra p. 54.

[7] Cf. c. 449. Couly negat eos vi nativa et propria textus canonum habere potestatem coercendi, etiamsi finiendum sit scandalum vel reprimendus abusus. Cf. *o.c.*, p. 30.

[8] Unde non valet illa 5 notula in Chelodi, *o.c.*, p. 208, de Vicariorum foraneorum officio non habente veram iurisdictionem. Insuper oppugnat doctrinam eiusdem auctoris de eorum iurisdictione ordinaria, *o.c.*, p. 340.

habeant iurisdictionem ordinariam an delegatam. Quaestio haec est magni momenti non solum theoretice, sed etiam practice. In eius responsione enim vertitur cardo iuridici status Vicarii foranei.

Art. I. De Iurisdictione Ordinaria

I. Definitio et Notio

Ordinaria est potestas iurisdictionis, quae *ipso iure annexa est officio* (c. 197, § 1). Tria igitur requirit iurisdictio, ut sit ordinaria: *1.* Officium debet esse ecclesiasticum sensu stricto; *2.* tali officio debet annecti iurisdictio; *3.* hic annexus ipso iure factus esse debet.

1. Officium, de quo agitur, sensu *stricto* intelligendum est, sicut definitur in c. 145, § 1, scilicet "munus ordinatione sive divina sive ecclesiastica stabiliter constitutum . . . aliquam saltem secumferens participationem ecclesiasticae potestatis sive ordinis sive iurisdictionis." Strictam enim interpretationem officii postulat c. 145, § 2, nisi ex contextu sermonis aliud appareat. Et desunt contextus, qui explicationem officii sensu lato in casu nostro iustificarent. Strictam interpretationem requirunt etiam cc. 208 et 183, § 2.[9] Ex definitione modo citata patet officium esse debere stabile seu perpetuum. Ergo quoad perseverantiam non pendet ex persona, quae illo fungitur, nec deficit, ea deficiente qualibet ratione, sed tantum vacat et alteri est concedendum. Neque debet tale in perpetuum erectum officium concedi titulo perpetuo.[10] Sufficit enim, ut officium constitutum sit perpetuitate obiectiva scilicet perpetuitate officii, non vero requiritur perpetuitas subiectiva sive personae, cui officium conceditur.[11]

[9] Cf. *AKKR*, CIV (1924), 182.

[10] Cf. Wernz-Vidal, *o.c.*, II, 354, 355.

[11] Cf. Maroto, *o.c.*, I, 831.

2. Iurisdictio ordinaria *annexa* esse debet tali officio, quocum confertur alicui personae. Sola et in se non consideratur et ipsa separata nemini confertur.[12] Annectitur officio non solum extrinsece, sed etiam intrinsece ita ut ipsam medullam officii efficit.[13] Attamen opus non est, ut potestas fuerit annexa officio iam ex prima institutione et ipsa natura officii; nam sufficit etiam, ut postea fuerit annexa per specialem legem.[14] Iurisdictio ergo annexa est officio, non personae titulatoris. Et qui tale officium obtinet, ipso facto obtinet et iurisdictionem simul cum officio. Non igitur pendet iurisdictio ex beneplacito collatoris officii, sed ex officio ipso, ita ut actus, vi officii facti, essent validi etiam contradicente collatore. Hic potest quidem aliquando iurisdictionem titularis aliquatenus limitare aut etiam totam suspendere ad tempus, non autem totaliter auferre aut substantialiter immutare.[15]

3. Omnia in praecedenti paragrapho dicta supponunt praesentiam sequentis elementi, nempe iurisdictio ordinaria *ipso iure* annexa esse debet officio. Hoc ius potest esse vel scriptum tam generale quam particulare vel non scriptum seu consuetudo.[16] Generale ius est, quod in toto Ecclesiae territorio vim habet. Particulare ius constitutum est pro aliquo territorio limitato e. gr. aliqua natione, ecclesiastica provincia, dioecesi. Et consuetudo est ius non scriptum, diuturnis populi moribus introductum cum consensu competentis auctoritatis.[17] Quodlibet ex his iuribus sufficit, dummodo vere potestatem annectat officio. Hic annexus tamen esse debet non solum *permanens*, iuxta definitionem officii, quod stabiliter constituitur (c. 145, § 1), sed etiam *antecedens* ad personas, quae officium obtineant, et *independens* ab eis. Et ius, quod dictum

[12] Maroto, *o.c.*, I, 824.
[13] Cf. *AKKR*, *l.c.*
[14] Maroto, *o.c.*, I, 826.
[15] Cf. Badii, *o.c.*, p. 130; Maroto, *o.c.*, I, 830.
[16] Cf. Maroto, *o.c.*, I, 828.
[17] Cf. Cicognani, *Ius canonicum*, II, 157.

annexum efficit, revera ei reddit aliquam stabilitatem et firmitatem, quia etiam ambitum iurisdictionis ordinariae circumscribit eamque alligat ad officium, non ad personas, quae istud obtinent.[18]

II. Applicatio Definitionis

His praemissis considerandum est, utrum statuta principia applicari possint Vicariis foraneis an non.

1. Officium Vicarii foranei est verum *officium* ecclesiasticum sensu *stricto*, ut iam supra probatum est. [18a] Est officium stabiliter constitutum, ut apparet ex cc. 217, § 1 et 446, § 1, ubi stricte praecipitur institutio Vicariatuum et Vicariorum foraneorum. Nec est vis huius praecepti mere temporaria, sed per novum Codicem lex facta est permanens et obligans ex hoc nunc et per futura saecula. Quamquam Vicarius foraneus sit ad nutum Episcopi, officium tamen eius est perpetuum et, deficiente uno Vicario, alteri sacerdoti est conferendum.

2. Potestas, quam Vicarius foraneus habet, *annexa* est huic officio. Iura et munera, quae exercet, singulatim notata sunt in Codice (cc. 447–450, 899, 1478, 1522, 1526 etc.) et annexa eius officio ita ut ipsam essentiam eiusdem officii constituant. Et sacerdos, qui officium Vicarii foranei obtinet, ipso facto et iurisdictionem obtinet, quae inhaeret eidem officio.[19] Ergo recepto officio non debet ab Episcopo petere aut obtinere iurisdictionem, quia eam iam habet vi eiusdem officii sui ab ipso momento concessionis officii. Et amisso officio non retinet iurisdictionem, sed eam perdit una cum officio, cui annexa est.

[18] Cf. *AKKR*, CIV (1924), 181; Chelodi, *o.c.*, p. 203; Wernz-Vidal, *o.c.*, II, 355; Maroto, *o.c.*, I, 830.

[18a] Cf. pp. 57–58.

[19] Cf. Couly, *o.c.*, p. 30, ubi scribit: "Les vicaires forains ont des attributions bien déterminées qui s'attachent à leur charge et qui leur viennent directement de la législation canonique, et ces pouvoirs, qui doivent être qualifiés d'ordinaires, ils les exercent en dehors de toute délégation de l'Evêque."

3. Iurisdictio Vicarii foranei *ipso iure* annectitur eius officio. Ius est complexus legum.[20] Notandum est Codicem *nullam* facere distinctionem inter varias species iurium, sed dicere simpliciter: "iure" (c. 197, § 1). Et "ubi lex non distinguit, nec nos distinguere debemus."[21] Proinde ius, quod iurisdictionem annectit officio Vicarii foranei, esse potest et revera est ius commune vel particulare vel consuetudo.[22]

a. Ius commune nunc continetur in novo Codice. Ibi invenitur, praesertim in cc. 447–450, complexus legum, quae accurate et clare circumscribunt iura et munia seu iurisdictionem Vicarii foranei eamque intime annectunt officio eius, ita ut ablata iurisdictione evanesceret etiam ipsum officium. Et hic annexus iurisdictionis ad officium Vicarii foranei factus est iure communi permanenter et antecedenter ad omnes personas, quae hoc officio fungentur, quia leges, statutae in Codice, constitutae sunt pro omnibus aevis. Quapropter iurisdictio, definita in Codice pro officio Vicariorum foraneorum, non pendet ex beneplacito Episcopi, qui officium confert, quoniam pars est iuris communis, in quo Episcopi non possunt dispensare, ne in casu quidem particulari, nisi haec potestas eisdem explicite fuerit concessa.[23] Nam "lex superioris per inferiorem tolli non potest."[24]

b. Iurisdictio secundo annectitur officio Vicariorum foraneorum *iure particulari*, quod statuitur sive in concillis

[20] Cf. Cicognani, *o.c.*, I, 15.

[21] Axioma iuris. Cf. Cicognani, *o.c.*, II, 127.

[22] Maroto, *o.c.*, I, 828.

[23] Cc. 336, § 1 et 81. Cf. Couly, *o.c.*, p. 29. qui dicit: "Les actes qu'ils [Vicarii foranei] accomplissent réguliérment, dans la sphère que leur assigne le droit, sont définitifs et inattaquables, sauf, bien entendu, les recours ordinaires."

[24] C. 2, *de electione et electi potestate*, I, 3, in Clem.—Ius commune nullibi episcopo concedit potestatem restringendi iurisdictionem Vicario foraneo attributam a Codice. Attamen est c. 20 qui statuit: "Si certa de re desit expressum praescriptum legis sive generalis sive particularis, norma sumenda est . . . a legibus in similibus." Et iuxta c. 368, § 1 episcopo fas est iurisdictionem Vicarii Generalis aliquatenus limitare. A pari potest ex c. 20 restringere quoque potestatem Vicarii foranei, dummodo restrictio non sit tanta, ut officium eius inutile evaderet.

plenariis sive provincialibus, sive in synodis dioecesanis vel etiam a singulis Episcopis extra synodum, dummodo leges, ita latae, sint permanentes, non mere temporariae.[25] Codex ipse agnoscit talem auctoritatem synodorum provincialium et dioecesanarum et Episcoporum.[26]

Abundant leges, quae ita latae sunt in variis regionibus per praeterita saecula et definiverunt descripseruntque iurisdictionem Vicariorum foraneorum, decanorum, archipresbyterorumque ruralium, eamque eorum officio annexuerunt.[27] Et istae leges adhuc vigent, nisi discrepant cum iure communi Ecclesiae aut fuerunt abrogatae (c. 6).

In aperto est in istis conciliis plenariis et provincialibus latas leges non solere parvi esse momenti neque tractare de levi materia.[28] Multae, imo plurimae permanenti modo statutae sunt.[29] Hoc valet etiam de iis legibus, quae de facultatibus agunt Vicariorum foraneorum easqua annectunt eorum officio.

Quod dictum est de conciliis, dicendum fere est de *synodis dioecesanis* et de *legislatione Episcopi extra synodum.* Verum est, quod in synodis dioecesanis unicus legislator sit Episcopus, qui in omnibus legibus dioecesanis semper etiam dispensare valeat (c. 82), nam "omnis res, per quascumque causas nascitur, per easdem dissolvitur";[30] sed aliquando definit potestates Vicariorum foraneorum easque permanenti modo vi legis annectit eorum officio, ut patet ex variis statutis dioecesanis.[31]

[25] Cf. Maroto, *o.c.*, I., 828.

[26] C. 447, § 1. Cf. Chelodi, *o.c.*, p. 340; Wernz-Vidal, *o.c.*, II, 761.

[27] Vide partem primam huius operis.

[28] Raus, *o.c.*, p. 229, cogitare videtur eas esse mere "ad nutum."

[29] Recognoscuntur a S. Sede et obligant in suo cuiusque territorio universo, nec Ordinarii locorum ab iisdem dispensare possunt, nisi in casibus particularibus *et* iusta de causa (c. 291).

[30] C. 1, X, *de regulis iuris*, V, 41.

[31] Cf. e. gr. *AKKR*, CI (1921), 72 sq. pro archidioecesi Coloniensi.

c. Idem ultimo referendum est de *consuetudine.* Ex historia notum est officium Vicariorum foraneorum, archipresbyterorum, decanorumque ruralium per multa iam saecula exstare. Quorum decursu varia iura et munia exorta sunt, quae consuetudine, cum consensu Episcoporum, annexae sunt officio decanorum, Vicariorum foraneorum etc. Cum et in quantum ista non sint contra, sed iuxta ius novum, proinde adhuc in vigore permanent. Item consuetudines, quae praeter ius commune sunt, serventur ut ius particulare, quia a Codice non reprobantur (c. 6).[32]

Conclusio.—Itaque examinata definitione iurisdictionis ordinariae eaque applicata ad Vicarios foraneos, compertum est: *1.* officium Vicarii foranei esse officium ecclesiasticum sensu stricto; *2.* iurisdictionem Vicarii foranei esse annexam eius officio; *3.* hunc annexum factum esse iure generali vel particulari vel consuetudine. Aliis verbis: Compertum est iurisdictionem Vicarii foranei respondere definitioni iurisdictionis ordinariae, statutae in c. 197, § 1, in omnibus partibus singulatim enumeratis. Ergo necessarie concluditur iurisdictionem Vicariorum foraneorum veram esse iurisdictionem ordinariam.[33]

Art. II. De Iurisdictione Vicaria

Potestas ordinaria dividitur in propriam et vicariam (c. 197, § 2). *Propria* est, quae non solum iure proprio ex officio habetur, sed etiam nomine proprio exercetur. *Vicaria* habetur quidem ex officio, sed aliena vice et alterius nomine exercetur.—Idcirco potestas *vicaria* est ordinaria, sed distincta a propria. Est enim ex officio et ex iure, quamquam vice et nomine alterius exerceatur. Et officium, ex quo potestas vicaria competit, est semper proprium illius, qui eo fungitur.

[32] Cf. Cicognani, *o.c.*, II, 35.

[33] Vox "nulla" in ultima sententia commentarii ad c. 447 (Toso, *o.c.*, IV, 93) evidenter erratum est.

Et talem vicariam potestatem habet Vicarius foraneus, quae nihil est nisi participatio ecclesiasticae potestatis iurisdictionis, definitae in cc. 334, 335, 336 pro Episcopo in gubernanda et administranda dioecesi. Quapropter potestas vicaria censetur pertinere ad Vicarium foraneum tamquam agentem secundarium et substitutum personae Episcopi et apparet suo modo communicata.[34] Quibus tamen speciebus non obstantibus iurisdictio, etsi vicaria, manet ordinaria.

Art. III. De Aliis Notis Iurisdictionis Ordinariae

Potestas ordinaria, tam propria quam vicaria, est per se delegabilis ex toto vel ex parte, nisi aliud caveatur (c. 199, § 1). At Vicarius foraneus expresse a delegando non prohibetur. Propterea potest eam delegare et concedere facultatem, ut subdelegetur, ad normam c. 199, § 4.[35] Sed cum agat nomine et vice Episcopi, consulat in rebus maioris momentis Episcopum obtineatque eius consensum saltem tacitum. Hoc deducitur ex analogia cum Vicario generali, qui similiter habet iurisdictionem vicariam et monetur, ut "caveat ne suis potestatibus utatur contra mentem et voluntatem sui Episcopi "(c. 269, § 2).

Potestas iurisdictionis ordinaria est favorabilis et in dubio late interpretanda (c. 200, § 1). Sicut quaelibet alia potestas, exerceri potest directe in solos subditos aut in res, loca etc. sibi subiecta (c. 201, § 1). Indirecte autem potest exerceri etiam in non subditos e. gr. peregrinos et advenas, qui in territorio istius iurisdictionis commorantur.[36]

Vicarius foraneus officium suum quidem ab Episcopo accipit, cuius vices gerit, non vero eandem personam

[34] Cf. Maroto, o.c., I, 832.

[35] "Potest quis per alium, quod potest facere per seipsum" (Regula 68 iuris in VI°). Cf. Toso, *o.c.*, IV, 93.

[36] Maroto, *o.c.*, I, 837.

iuridicam cum eo efficit.[37] Proinde non amittit suum officium resoluto iure Episcopi (c. 183, § 2) neque suam potestatem ordinariam. Si autem amittit officium, ipso facto cessat et eius iurisdictio ordinaria, quae officio annexa est. Silet eius potestas ordinaria, legitima interposita appellatione in suspensivo (non vero in devolutivo) aut incursa excommunicatione vel suspensione a iurisdictione, post sententiam condemnatoriam vel declaratoriam.[38]

Haec sufficiant de Vicarii foranei iurisdictione in genere, quatenus definitur a Codice iuris canonici.

[37] Maroto, *o.c.*, I, 832.

[38] C. 208. Cf. Chelodi, *o.c.*, p. 203.

CAPUT IV

De Vicarii Foranei Facultatibus Ex Iure Particulari

Probata existentia et explicata natura Vicarii foranei iurisdictionis in genere, procedendum est ad considerandam eiusdem iurisdictionem in specie.

Ex capite praecedenti iam notum est potestates Vicarii foranei oriri ex iure sive communi sive particulari. Quae ex iure communi sunt, inveniuntur in Codice. Quae vero procedunt ex iure particulari, statuuntur in conciliis plenariis et provincialibus, synodis dioecesanis, a singulis Episcopis vel a consuetudine locali.

Codex iam diligentissime definivit Vicarii foranei potestatem, quae tam ampla est, ut universas comprehendat actiones clericorum decanatus, praesertim sacerdotum curam animarum gerentium. Sed leges repertae in Codice breves sunt tantum et omnino generales; latae enim sunt pro toto orbe terrarum. Nec ipsae considerant peculiaria regionum ac nationum adiuncta. Relinquunt tamen sapienter copiam spatii pro legislatione particulari, a qua ius commune adaptari et applicari oportet conditionibus locorum. Codex enim statuit expresse:

"Vicario foraneo, praeter facultates quas ei tribuit Synodus provincialis vel dioecesana et secundum normas in eadem Synodo legitime statutas vel ab Episcopo statuendas, ius et officium est . . ." (c. 447, § 1) et pergit definire potestatem communem Vicarii foranei.

Leges particulares debent conformari ad ius generale, non vero vice versa (cf. c. 6, n. 1), idque accomodare variis locorum adiunctis nec non explere lacunas a iure communi forsitan relictas. Et hoc plane est, quod significat modo citatus § 1 c. 447. Supremus enim legislator non vult Episcopos conquiescere in lege mere generali, sed pro concesso assumit eos sese versaturos esse sive collective sive singulatim in ferendis legibus particularibus et dandis amplioribus Vicariorum foraneorum facultatibus per synodos provinciales vel dioecesanas, nisi hoc iam fecisse.[1] Vox "tribuit" nempe exprimit tempus et praesens et perfectum et intelligi potest sensu utroque, quin intentio legislatoris mutetur. Si istae facultates iam concessae fuerint, bene. Si vero nondum datae fuerint, tunc Episcopi animum ad hanc rem advertant praesertim in synodis particularibus.

Sed non tantum hoc notandum est. Nam legislator vult Episcopos statuere etiam speciales normas, secundum quas provisiones legum sive communium sive particularium usu applicentur seu determinetur modus exercendi iurisdictionem Vicarii foranei et similia. Quae normae quoque ferantur *legitime* i. e. per modum legum seu modo permanenti.[2] Hoc quoque in synodis provincialibus et dioecesanis fiat. Vel si synodi id non fecerint, tunc ipsi Episcopi extra synodos statuant normas necessarias.

Facultates, de quibus hic est sermo, sunt potestates, quas Episcopus Vicariis foraneis concedit, aliquae agendi quae per se ad ipsum Episcopum pertinent vel sunt lege ipsius prohibita.[3] Quae facultates concedi possunt pro foro externo et interno.

Facultates dividuntur in generales et particulares. Priores sunt illae, quae conceduntur vel in perpetuum vel ad praefinitum tempus sine limitatione casuum vel ad certum numerum casuum. Posteriores sunt eae, quae dantur ad unum casum particularem vel paucos casus numero determinatos (c. 66, § 1).

Obiectum facultatum Vicario foraneo concedendarum debet esse materia quae non excedit competentiam Episcopi, e. gr. absolutio a censuris et peccatis Episcopo

[1] Cf. Couly in *Le Canoniste*, XLVI (1924), 30.

[2] Cf. Blat, *Commentarium Textus Codicis*, II, 478; Wernz-Vidal, *Ius canonicum*, II, 761.

[3] Cf. Maroto, *Institutiones iuris canonici*, I. 347, 348; Motry, *Diocesan aculties*, p. 17.

reservatis, dispensatio a lege aliqua dioecesana, ab impedimentis matrimonialibus, irregularitatibus, votis privatis; potestas dandi licentiam binandi, concionandi, discedendi a paroecia pro parochis eorumque vicariis, peragendi varias solemnes benedictiones;[4] invigilandi instructioni iuventutis in scholis, introducendi parochos novos in eorum paroecias, corrigendi varios abusus.

Ex dictis apparet facultates Vicarii foranei alias esse posse in aliis regionibus. Nam "Episcopi non semper et ubilibet unam eamdemque disciplinam" sequuntur nec debent sequi "sive in Vicariis foraneis assumendis sive in quantitate potestatis illis concedenda."[5] Varia loca, variae circumstantiae; ergo et variae leges requiruntur.

Attamen legislator supremus optat omnes Episcopos ubique locorum considerare, quae statuta sunt in § 2 canonis 899, videlicet: Facultas absolvendi a casibus Ordinario loci reservatis "habitualiter impertiatur saltem Vicariis foraneis, addita, praesertim in locis dioecesis a sede episcopali remotioribus, facultate subdelegandi toties quoties confessarios sui districtus, si et quando pro urgentiore aliquo determinato casu ad eos recurrant."[6]

"Habitualiter" significat non pro uno vel altero tantum casu, sed generice et permanenter, quoadusque munere Vicarii foranei funguntur.[7] Quid sint *casus urgentiores*, describitur a Codice ipso c. 2254: "si nempe censurae latae sententiae exterius servari nequeant sine periculo gravis scandali vel infamiae, aut durum sit poenitenti in statu gravis peccati permanere per tempus necessarium ut Superior competens provideat." Dictae vero facultates a

[4] Cf. Motry, *o.c.*, pp. 143, 146, 147, 150.

[5] Cf. Badii, *Manuale iuris can.*, p. 247; Fanfani, *De iure parochorum*, p. 369, qui tamen hoc producere videntur tamquam causam, cur Vicarii foranei habeant tantum iurisdictionem delegatam, non vero ordinariam. Cf. etiam Cocchi, *Commentarium in Codicem*, III, 364.

[6] Hic locus desumptus est ex instructione S. C. S. Officii, data die 13 iulii 1916 (*AAS*, VIII, 314). Notandum est cl. Dargin, *Reserved cases*, p. 31, perperam interpretare hunc canonem, verbum "praesertim" male vertendo in linguam Anglicam.

[7] Fanfani, *o.c.*, p. 369.

Vicario foraneo non concedendae sunt confessariis in paroeciis sive dissitis sive vicinis, nisi in singulis et determinatis casibus, qui autem urgentiores esse debent.[8] Facultates ergo dispensandi petendae sunt a Vicario foraneo in unoquoque casu noto, quod fieri potest sive in scriptis sive oretenus. Per telephonum negotia huius generis plerumque non sunt peragenda.[9]

Episcopus potest aliquando Vicariis foraneis etiam habitualiter subdelegare facultates a S. Poenitentiaria concessas, ita tamen ut exerceri possint tantum in foro interno sacramenti poenitentiae et intra dioecesim.[10]

Quarum facultatum exercitium sequi debet normas generales de rescriptis et privilegiis ac potestate delegata. Ergo si Episcopus deneget concessionem alicuius dispensationis, haec postea a Vicario foraneo sine consensu Episcopi nullo modo valide concedi potest. E contra si casus primo praesentetur Vicario foraneo et concessio gratiae ab eo denegetur, neque Episcopus postea in eodem casu valide dispensare potest, si denegationem a Vicario foraneo factam ignoret; si autem de ista denegatione Episcopus certior fiat et nihilo minus dispensationem

[8] Cl. Augustine, *A commentary on canon law*, IV, 331–332, scribit: "Any confessor may foresee the cases and hence apply for the faculties before going to the confessional," quod vero non recta videtur esse interpretatio, quia tales mere generali modo expectandos casus vix licet vocare *determinatos*.

[9] Telephonum, telegraphum, radiographum, etc., sunt media extraordinaria, quae interdum, debitis servatis cautelis, adhiberi possunt; sed nulla est obligatio eisdem utendi. Cf. Cappello, *Tractatus canonico-moralis de sacramentis*, vol. II, pars I, p. 425.

Cf. Augustine, *l.c.*, qui bene scribit de casibus reservatis, qui ab Episcopis Vicariis foraneis delegari possunt. Iuxta eum hi sunt non solum casus, quos Ordinarius ipse sibi reservavit canone 897 tenus, sed etiam casus Ordinario a iure communi reservati et enumerati in cc. 2319, 2326, 2343, § 4, 2350, 2385, 2388. Ratio eius fundata est in c. 2253, qui "says clearly that the one to whom a censure is reserved by law, or his delegate, may absolve from the same" (*ibid.*, p. 332).

[10] Leitner, *Lehrbuch des kath. Eherechts*, p. 331; Hilling, *Codicis iuris canonici supplementum*, p. 53. Haec facultas subdelegandi concessa est saltem Episcopis Germaniae et mentio eius invenitur in Formula III anni 1923. Cf. Hilling, *l.c.*, Qua facultate tamen caret Formula data Episcopis Americanis et aliorum regionum anno 1922. Cf. Augustine, *o.c.*, II, 596; Vermeersch-Creusen, *Epitome*, II, 505.

concedat, dispensatio valida est. Haec deducuntur ex c. 44, § 2, per analogiam cum Vicario generali.[11]

Haec sufficiant de facultatibus quae Vicariis foraneis concedi possunt a iure particulari i. e. ab Episcopis tam collective in conciliis plenariis vel provincialibus quam singulatim in synodis dioecesanis vel extra synodum agentibus. De normis commemoratis in § 1 c. 447, quae iam statutae sunt in supra dictis conciliis et synodis aut statuendae sunt ab Episcopo modo legitimo, plura dicentur in capitibus sequentibus, cum sermo erit de variis potestatibus, Vicario foraneo concessis a iure communi.

Et de his potestatibus, Vicario foraneo a iure generali tributis et in novo Codice statutis, nobis deinceps usque ad finem tractandum est.

[11] Cf. *The American Ecclesiastical Review,* LXIX (1923), 199.

CAPUT V

De Vicarii Foranei Vigilantia

Expositis facultatibus quae ab Episcopis iure particulari Vicario foraneo tribui possunt, pergendum est ad commentarium facultatum quae ei a iure communi communicatae sunt. Aliis verbis: singula eius iura et officia separatim examinanda sunt. In qua examinatione generatim sequendus est ordo Codicis, cuius dispositio huius materiae saltem aeque logica ac quaevis alia esse videtur.

Canon 447, § 1 statuit: "Vicario foraneo . . . ius et officium est invigilandi potissimum . . ."

Ius et officium cadunt sub eandem rationem; est enim principium ethicum: ubi ius, ibi et officium. Sensu subiectivo seu formali *ius* denotat legitimam facultatem moralem aliquid habendi, faciendi, exigendi.[1] *Officium* sensu pariter subiectivo est obligatio exercendi certam mensuram functionum.[2] Vox *vigilare* significat idem ac expergefactus manere, observare, videre et audire, custodire. *Invigilare* idem est ac assidue, diligenter vigilare.

Officium Vicarii foranei consistit maxime in videndo seu observando quae in eius districtu eveniunt et in reddenda ratione de eis Ordinario dioecesis.[3] Personae quae potissimum seu praesertim observari debent, sunt viri ecclesiastici (c. 447, § 1, n. 1).

Verba *viri ecclesiastici* generaliter et recte a commentatoribus explicantur ut denotantia clerum i. e. viros qui divinis ministeriis per primam tonsuram saltem mancipati

[1] Cicognani, *Ius canonicum*, II, 16; Maroto, *Institutiones iuris canonici*, I, 17.

[2] Cf. Hinschius, *System des kath. Kirchenrechts*, II, 364; Wernz-Vidal, *Ius canonicum*, II, 163.

[3] Cf. Couly in *Le canoniste*, XLVI, 30.

sunt (c. 108, § 1). Ex interna evidentia canonum proxime explicandorum manifestum est plurimos clericos, hic commemoratos, esse sacerdotes saeculares, curam animarum habentes, scilicet parochos eorumque vicarios. Non includuntur vero aliae personae ecclesiasticae, etiam mulieres, praesertim si sint religiosae iuris dioecesani.

TITULUS I

Circa Clericorum Vitam

"Vicario foraneo . . . ius et officium est invigilandi potissimum num ecclesiastici viri sui ambitus seu districtus vitam ducant ad normam sacrorum canonum suisque officiis diligenter satisfaciant" (c. 447, § 1, n. 1).

Eius ambitus seu districtus est Vicariatus foraneus. Iurisdictio enim Vicarii foranei ultra Vicariatus sui limites non extenditur, sed exercetur generatim tantum in clericos intra Vicariatum commorantes. Canones vero, ad quorum normam clericos vitam ducere oportet, inveniuntur praesertim in tit. III libri II Codicis. Quorum aliquos hic enumerare iuvabit.

Omnes fideles debent clericis reverentiam (c. 119). Quam reverentiam tamen clerici mereri debent. Quapropter iubentur sanctiorem prae laicis vitam interiorem et exteriorem ducere eisque virtute et recte factis in exemplum excellere (c. 124). Ideo debent assidue colere pietatem: frequenti confessione, visitatione sanctissimi Sacramenti, recitatione Mariani rosarii (c. 125). Clerici in maioribus ordinibus constituti tenentur etiam obligatione horas canonicas seu breviarium recitandi (c. 135). Praeterea debent, praesertim si sint sacerdotes, sacris studiis vacare (c. 129), relationem debitam quoad mulieres servare (c. 133), castitatem servare (c. 132). Insuper iubentur praescriptum habitum ecclesiasticum deferre (c. 136) et ab iis, quae statum suum dedecent, prorsus abstinere: prohibentur enim, ne indecoras artes exerceant;

ne aleatoriis ludis, pecunia exposita, vacent; ne arma gestent; ne venationi indulgeant; tabernas aliaque similia loca sine necessitate ne ingrediantur (c. 138); ne intersint spectaculis, choreis et pompis, quae eos dedecent, vel quibus clericos interesse scandalo sit, praesertim in publicis theatris (c. 140). Item prohibentur clerici negotiationem aut mercaturam exercere (c. 142) et sine licentia scripta stipem cogere pro quolibet pio instituto vel fine (c. 1503). Vitare debent ea etiam, quae, licet non indecora, a clericali tamen statu aliena sunt, enumerata in c. 139.

Hi sunt quidam praecipui sacri canones, ad quorum normam clerici vitam ducere debent et quos Vicarius foraneus considerare debet in observanda eorum vita. Alii canones de clericorum officiis adimplendis invenientur infra.

Notandum quoque est Vicarium foraneum ipsum debere exemplum praebere omnibus ecclesiasticis et sacerdotibus quibus praeest.[4]

TITULUS II

Circa Clericorum Residentiam

"Vicario foraneo . . . ius et officium est invigilandi . . . num viri ecclesiastici sui . . . districtus . . . suis officiis diligenter satisfaciant praesertim circa residentiae legem" (c. 447, § 1, n. 1).

Residentia est assidua et laboriosa commoratio intra terminos loci, quibus lege muneris vel obedientiae quis includitur.[5] Residentiae lex postulat non solum materialem et passivam praesentiam in assignato loco seu territorio, sed etiam fidelem adimpletionem muneris, quod clerico seu sacerdoti residentiae subiecto commissum est.[6]

Lex residentiae gravissima est.[7] Ea tenentur omnes sacerdotes, quibus cura incumbit animarum, videlicet

[4] Cf. Mothon, *Institutions canoniques*, I, 364.
[5] Cf. Maroto, *o.c.*, I, 636.
[6] *Ibid.;* Aichner, *Commentarium iuris ecclesiastici*, p. 295.
[7] Rossi, *De paroecia*, p. 211.

parochi quicumque, etiam religiosi, vicarii paroeciales proprie dicti, oeconomi, substituti et adiutores, qui locum parochi tenent. Item vicarii cooperatores, qui parochos adiuvant praecipue in magnis paroeciis.[8] Qui omnes plerumque in domo paroeciali prope ecclesiam suam residere debent, nisi loci Ordinarius ex iusta causa permittat, ut alibi habitent, dummodo domus ab ecclesia paroeciali non ita distet, ut perfunctio munerum paroecialium aliquid inde detrimenti capiat (cf. c. 465, § 1). Abesse tamen permittitur parochis ordinarie ad summum per duos intra annum menses sive continuos sive intermissos (Ibid. § 2). Si parochus ultra hebdomadam abest, debet praeter legitimam causam habere Ordinarii scriptam licentiam et vicarium substitutum suo loco relinquere, ab eodem Ordinario approbatum (Ibid. § 4). Ratio est quia parochus etiam absens remanent pastor animarum et proinde tempore absentiae debet per alium providere necessitatibus fidelium. Hoc valet etiam pro tempore brevioris absentiae (Ibid. § 6). Ergo non licet ei saepe a mane usque ad vesperum abesse a sua paroecia nullo relicto vicario in ea.[9]

Poenas contra clericos, qui legem residentiae non observant, statuit c. 2381. Modus autem procedendi contra eos statuitur in cc. 2168–2175.

Quorum omnium canonum peritus esse debet Vicarius foraneus qui vult rite fungi officio suo.

TITULUS III

Circa Religiosam Populi Instructionem

"Vicario foraneo . . . ius et officium est invigilandi . . . num viri ecclesiastici sui . . . districtus . . . suis officiis diligenter satisfaciant . . . circa . . . divini verbi

[8] De residentia clericorum, qui nullum beneficium aut officium residentiale habent, cf. c. 143.

[9] Vermeersch-Creusen, *Epitome iuris canonici*, I, 285.

praedicationem [et] impertiendam pueris atque adultis catechesim" (c. 447, § 1, n. 1).

Praedicatio verbi divini est officium Episcopi, qui proinde tenetur saepe praedicare vel per se ipsum vel per alios, praesertim parochos (c. 1327). Eiusdem ius est etiam in sua dioecesi omnis edicere, quae ad populum in christiana doctrina instituendum spectant (c. 1336). Sine Episcopi licentia (saltem tacita) nemo potest praedicare in dioccesi.[9a]

Parochi officium proprium est diebus dominicis et festis de praecepto consueta homilia verbum Dei populo nuntiare (c. 1344, § 1) et insuper catechismum fidelibus adultis, sermone ad eorum captum accomodato, explicare (cc. 1332, 1329). Cui obligationi parochus nequit per alium habitualiter satisfacere, nisi ob iustam causam, ab Ordinario probatam (c. 1344, § 2). Suas errantes oves debet prudenter corrigere (c. 467, § 1) et curare, ut saltem decimo quoque anno sacra missio ad populum habeatur (c. 1349).

Parochus debet praesertim maximam curam adhibere in catholica puerorum institutione (c. 467, § 1). Quapropter tenetur regulariter statis temporibus per singulos annos liberos suae paroeciae religiose praeparare ad sacramenta rite suscipienda et eos perfecte excolere catechismo (cc. 1330, 1331). Quod si ipse facere non potest, debet per alios, sive clericos sive etiam pios laicos praesertim sodales *doctrinae christianae* (c. 1333). Insuper diligenter advigilare debet, ne quid contra fidem ac mores in sua paroecia, praecipue in scholis publicis et privatis tradatur (c. 469).

Vicarius foraneus curare debet, ut haec omnia rite perficiantur. Eius est etiam officium visitandi scholas, ubi catechesis pueris impertitur. Conflictus inter hanc Vicarii foranei obligationem et iura directoris scholarum, qui in nonnullis dioecesibus constitutus est, facile vitari possunt per normas ab Ordinario statutas.

[9a] C. 1337; cf. etiam c. 1328.

TITULUS IV

Circa Infirmorum Curam

Porro Vicarius foraneus debet invigilare num clerici sui Vicariatus diligenter satisfaciant obligationi infirmis assistendi (c. 447, § 1, n. 1).

Parochi sedula cura et effusa caritate tenentur adiuvare aegros in suis paroeciis, maxime vero morti proximos.[9b] Debent igitur eos saepe visitare et sollicite Sacramentis reficere, ministrando eis Poenitentiam, Viaticum, Extremamque unctionem, eorumque animas Deo commendando (c. 468, § 1).

In periculo mortis, quavis ex causa procedat, fideles sacrae communionis recipiendae praecepto tenentur (c. 864, § 1). Perdurante mortis periculo sanctum Viaticum, secundum prudens confessarii consilium, pluries distinctis diebus administrari licet et decet (c. 864, § 3). Sanctum Viaticum infirmis ne nimium differatur; et qui animarum curam gerunt, sedulo advigilent, ut eo infirmi plene sui compotes reficiantur (c. 865). Infirmi qui iam a mense decumbunt sine certa spe ut cito convalescant, non tenentur ieiunium naturale servare a media nocte ante receptionem sacrae communionis. Nam de prudenti confessarii consilio SS. Eucharistiam sumere possunt semel aut bis in hebdomada, etsi aliquam medicinam vel aliquid per modum potus antea sumpserint (c. 858, § 2).

Cum confessionem peragunt aegroti, qui domo egredi non valent, quaevis reservatio omni vi caret (c. 900, n. 1).

Extrema Unctio praebenda est omnibus fidelibus, qui post adeptum usum rationis ob infirmitatem vel senium in periculo mortis versentur (c. 940, § 1), exceptis solis contumaciter impoenitentibus (c. 942). Minister ordinarius extremae unctionis est parochus loci, in quo degit infirmus (c. 938). Ille tenetur ex iustitia hoc sacramentum per se ipse vel per alium administrare, ex caritate vero in casu

[9b] Cf. *Rituale Romanum*, praesertim tit. V.

necessitatis quilibet sacerdos (c. 939). Quamvis hoc sacramentum per se non sit de necessitate medii ad salutem, nemini tamen licet illud negligere; et omni studio et diligentia curandum, ut infirmi, dum sui plene compotes sunt, illud recipiant (c. 944).

Ut quam optime aegrotis provideatur, data est omni parocho aliive sacerdoti, qui infirmis assistat, facultas generalis eis concedendi benedictionem apostolicam in articulo mortis, secundum formam a probatis liturgicis libris traditam, quam benedictionem impertiri ne omittat (c. 468, § 2).

Officium Vicarii foranei est curare, ne praescripta modo citatorum canonum negligantur.

TITULUS V

Circa Decretorum Episcopalium Executionem

"Vicario foraneo . . . ius et officium est invigilandi . . . num decreta lata ab Episcopo in sacra visitatione executioni mandentur" (c. 447, § 1, n. 2).

Episcopus residentialis est ordinarius et immediatus pastor in sua dioecesi (c. 334, § 1), quam tenetur universam visitare saltem singulis quinquenniis (c. 343, § 1). Ratio visitationis est: "ad sanam et orthodoxam doctrinam conservandam, bonos mores tuendos, pravos corrigendos, pacem, innocentiam, pietatem et disciplinam in populo et clero promovendam ceteraque pro ratione adiunctorum ad bonum religionis corrigenda" (Ibid.).

Obiectum huius canonicae visitationis sunt: a) *loca* i. e. ecclesiae, oratoria publica et semi-publica, capellae, baptisteria, sacristiae, coemeteria, scholae catholicae, hospitalia aliaque loca pia ad ecclesiam pertinentia neque speciali exemptione fruentia (cc. 344, 1382, 1491); b) *res* i. e. altaria, tabernacula, vasa sacra, ornamenta, supellex sacra, reliquiae, imagines, libri, administratio bonorum temporalium ad ecclesiam pertinentium (c. 344); c) *personae* i. e. clerus saecularis, varii religiosi, mulieres religiosae et omnes fideles, quorum querelas Episcopus audire et dirimere potest et corrigere abusus vel negligentias.[10] Statuere potest etiam sua peculiaria praecepta et decreta et infligere poenas, a quibus datur recursus in devolutivo tantum (c. 345).

Vicarius foraneus debet vigilare, ne executio istorum praeceptorum, datorum sive occasione visitationis sive postea, negligatur. Quare sane et Episcopus tenetur ei communicare, quae pro eius vicariatu in genere et pro singulis paroeciis in specie decreverit.[11]

TITULUS VI

Circa SS. Eucharistiae Materiam

Ius et officium Vicario foraneo est invigilandi "num debitae cautelae circa materiam Sacrificii Eucharistici adhibeantur" (c. 447, § 1, n. 3).—Cautela fere idem est ac cura seu diligentia.

Materia Sacrificii Eucharistici est panis et vinum ex ipso iure divino.[12] Nam Missae sacrificium offerri debet ex pane et vino, cui modicissima aqua miscenda est (c. 814).

Panis debet esse mere triticeus et recenter confectus, ita ut nullum sit periculum corruptionis (c. 815, § 1). Talis est communi hominum iudicio solus panis usualis, qui ex pura farina triticea et aqua naturali mixtus est et igne assus seu tostus atque substantiliter incorruptus.[13] Si panis non sit triticeus, vel si triticeus, admixtus sit granis alterius generis in tanta quantitate, ut non maneat panis triticeus, vel sit alioqui corruptus, invalidus est.[14] Hostiae consecratae et recentes sint et frequenter renoventur, veteribus rite consumptis, ita ut nullum sit periculum corruptionis, sedulo servatis instructionibus, quas

[10] Cf. cc. 344, 512, 615, 618, 631, 675, 690, 1261, 1491; *Pontificale Romanum*, pars III, tit. *Ordo ad visitandas parochias*.

[11] Cf. Wernz-Vidal, *o.c.*, II, 761.

[12] Matth. XXVI, 26 sq.

[13] Cf. Cappello, *Tractatus canonico-moralis de Sacramentis*, I, 191; Vermeersch-Creusen, *Epitome iuris canonici*, II, 44.

[14] Cf. *Missale Romanum*, tit. *De defectibus*, III, n. 1.

Ordinarius loci hac de re dederit (c. 1272). Valida materia est panis vel azymus vel fermentatus. Sed sacerdotes latini tenentur uti pane azymo, orientales vero pane fermentato (c. 816).

Vinum esse debet naturale de genimine vitis et non corruptum (c. 815, § 2). Non ergo sufficit vinum sine alcoholo vel a chemista confectum, sed requiritur verum vinum naturale i. e. succus expressus ex uvis de vite et fermentatus cum omnibus essentialibus elementis, quibus quodque vinum naturale constat.[15] Si vinum sit factum penitus acetum vel omnino putridum, vel de uvis acerbis seu non maturis expressum, vel ei admixtum tantum aquae, ut vinum sit corruptum, materia est invalida.[16]

Prohibita est etiam omnis materia dubia, nempe de qua nescitur vel positive dubitatur, utrum sit valida necne.[17]

Hodie praesertim diligentissime cavendum est a permultis corruptionibus, quae in tritici farinam solent induci. Proinde farina non est promiscue emenda ab omni mercatore publico.[17a] Idemtidem a fortiori dicendum est de vino, quia eius adulteratio est facillima, detectio autem adulterationis difficillima, imo saepe prorsus impossibilis ipsis peritis chemistis.

Propterea diligens Vicarius foraneus debet interrogare parochum vel alios, ad quos pertinet, unde habeantur hostiae et vinum, ubi et quomodo reserventur, ut non corrumpantur etc.

TITULUS VII

Circa Ecclesiarum Et Supellectilis Decorem

"Vicario foraneo . . . ius et officium est invigilandi . . . num decor et nitor ecclesiarum et sacrae supellectilis,

[15] Cf. Vermeersch-Creusen, *o.c.*, II, 45.

[16] Cf. *Missale Romanum*, tit. *De defectibus*, IV, n. 1.

[17] De his cf. *Missale Romanum*, tit. cit., III et IV.

[17a] Hoc praesertim tempore belli quo farina saepe ex legibus militaribus copiam aliarum materiarum admixtam habere debet.

maxime in custodia sanctissimi Sacramenti et in Missae celebratione, accurate servetur" (c. 447, § 1, n. 4).

In hoc titulo agitur de *rebus*, quae directe vel indirecte cultui divino inserviunt. Inter quas specifice commemorantur ecclesiae et sacra supellex.

Ecclesiae nomine intelligitur aedes sacra divino cultui dedicata eum in finem ut omnibus Christifidelibus usui sit ad divinum cultum publice exercendum (c. 1161). *Sacra supellex* dicuntur omnia utensilia quae in cultu divino adhibentur, ut vasa sacra, vestimenta, ornamenta, lintea etc.[18]

Quae omnia ut decora et nitida sint, curare debent parochi et ecclesiarum rectores.

Primo, ecclesia et sacra supellex debent esse *decorae.* Nihil tamen decorum seu pulchrum est, quod repugnat legibus sacrae liturgiae. Quapropter si materia et forma a lege ecclesiastica praescribuntur, debent sacra supellex et variae partes ecclesiae se ad istas praescriptiones penitus conformare (cc. 1164, § 1, 1926).

Secundo, istae res omnes debent esse *nitidae* i. e. mundae et purae.

Ut autem nitor *ecclesiae* praeservetur, necesse est imprimis omnes mere profanas negotiationes et nundinas arceri ab ecclesia ipsa et ab omnibus locis sive subter eius pavimentum sive supra ipsam (cc. 485, 1164, § 2, 1178). Pariter necesse est omnes ecclesiae partes nitidas et mundas custodiri. Propterea pavimentum ecclesiae, atrii, sacellorum, baptisterii, sacrarii, aliorumque locorum adiacentium frequenter everrantur et purgentur. Parietes, tectum, ianuae, fenestrae, columnae, fornices ab aranearum telis, pulvere, sordibusque saepe detergantur et si opus sit reparentur. Item et podia, scamna, sedes, statuae, monumenta, picturae, altaria, aliaque id genus. Nam ecclesia est locus orationis et domus Dei, quam decet sanctitudo

[18] Pruemmer, *Manuale iuris canonici*, p. 465; Augustine, *A Commentary on Canon Law*, VI, 267.

et veneratio maxima. Et nitor ecclesiae praedicat fidem rectoris.[19]

Nitida, munda, integraque debet esse et *sacra supellex* i. e. vasa, paramenta, ornamenta, libri, candelabraque pro usu ecclesiae et altarium. Proinde sacra supellex in decentibus et tutis armariis apte disposita caute custodiatur, ne obsordescat, mucorem contrahat et corrumpatur (cc. 1296, § 1, 1302, 485). Quae attrita aut lacerata sint, sine mora renovari et refici debeant. Quae lavanda sint, saepe abluantur, ut ordo et mundities semper et ubique praeserventur. Consumpta auratura calicis et patenae parochus vel rector ecclesiae gravi tenetur obligatione ea rursum inaurandi (c. 1305, § 2).

Crebro renovetur etiam aqua benedicta in crateribus ad ianuas ecclesiae et sacrarii et crateres ipsi diligenter mundentur. Pariter et circa fontem baptismalem et sacri chrismatis aliorumque ss. oleorum conservationem diligentissima cura adhibenda est iuxta normas praescriptas.[20]

Item et sacrae sanctorum reliquiae fideliter et honorifice asserventur. Quae cultu publico honorari possunt solum, si genuinae sint et authenticatae (c. 1283, § 1). Quae vero in manibus privatis sint, caveant locorum Ordinarii, Vicarii foranei, parochi, aliive, ne veneant, profanentur vel pereant (c. 1289).

Inter omnia quae in ecclesia asservantur, nihil sanctius est quam *SS. Eucharistia*, de qua multa dicuntur in Codice.

SS. Eucharistia asservari debet in qualibet ecclesia paroeciali.[21] Custodienda est regulariter in altari maiore, quod prae omnibus aliis altaribus sit ornandum, ita ut suo ipso apparatu magis moveat fidelium pietatem ac devotionem (c. 1268). Tabernaculum, ubi SS. Eucharistia servari debet, sit in media parte altaris positum, inamovibile, affabre constructum, undequaque solide clausum, decenter ornatum ad normam legum liturgicarum, ab

[19] Marelli, *Bergomensis ecclesiae synodus XXXIV* a. 1923, n. 487.

[20] Cf. *Caeremoniale episcoporum*, lib. I, c. 6, n. 2.

[21] C. 1265, § 1. Talis igitur ecclesia quotidie per aliquot saltem horas fidelibus pateat (c. 1266).

omni alia re vacuum, ac tam sedulo custodiatur, ut periculum cuiusvis sacrilegae profanationis arceatur.[22] Coram tabernaculo SS. Sacramenti una saltem lampas diu noctuque continenter luceat, nutrienda oleo olivarum vel cera apum.[23]

SS. Eucharistia semper servanda est super corporali (cf. c. 1269, § 3). Particulae consecratae perpetuo conserventur in pyxide ex solida decentique materia, eaque munda et suo operculo bene clausa, cooperta albo velo serico et, quantum res feret, ornato. Asserventur eo numero qui infirmorum et aliorum fidelium communioni satis esse possit (c. 1270). Attamen recentes sint hostiae opus est et frequenter renoventur ita ut nullum sit periculum corruptionis. Sedulo observentur non solum praescripta liturgica, sed etiam instructiones quas Ordinarius loci hac de re dederit pro sua dioecesi (cf. c. 1272).

Ignavia sacerdotis in his rebus delictum fieri potest. Proinde statuit Codex (c. 2382): "Si parochus graviter neglexerit . . . custodiam ecclesiae paroecialis, sanctissimae Eucharistiae, sacrorum oleorum, ab Ordinario coerceatur ad normam cc. 2182–2185." Quibus canonibus datur specialis modus procedendi contra parochum, decorem et nitorem ecclesiae et sacrae supellectilis graviter negligentem.

Officium invigilandi, ut omnes supra enumeratae et cultui divino destinatae res decorae et nitidae serventur in omnibus Vicariatus foranei ecclesiis et oratoriis publicis, commissum est Vicario foraneo.

TITULUS VIII

Circa Rubricas

"Vicario foraneo . . . ius et officium est invigilandi . . . an sacrae functiones secundum sacrae liturgiae praescripta celebrentur" (c. 447, § 1, n. 4).

[22] C. 1269, §§ 1, 2. Clavis tabernaculi, in quo SS. Sacramentum asservatur, diligentissime custodiri debet, onerata graviter conscientia sacerdotis, qui ecclesiae vel oratorii curam habet (c. 1269, § 4).

[23] Ubi vero oleum olivarum haberi nequeat, Ordinarii loci prudentiae permittitur, ut aliis oleis commutetur, quantum fieri potest, vegetabilibus (c. 1271).

Dum in titulo praecedenti sermo erat de rebus ad cultum divinum inservientibus, in hoc titulo de sacris agitur *actionibus* seu functionibus.

Functionis vox derivatur a verbo *fungi* et significat actionem, exsecutionem, perfectionem. *Sacrae functiones* sunt actiones in cultu divino seu officiis divinis adhibitae. Nomine vero *divinorum officiorum* intelliguntur functiones potestatis ordinis, quae de instituto Christi vel Ecclesiae ad divinum cultum ordinantur et a solis clericis fieri queunt (c. 2256, n. 1).

Quae functiones sacrae officiorum divinorum secundum sacrae liturgiae praecepta celebrari debent.

Sacra *liturgia* est complexus praeceptorum circa varias caeremonias in diversis officiis divinis peragendas. Quae praecepta generatim vocantur Rubricae, quod soleant characteribus rubris imprimi in libris liturgicis.[24]

Liturgia primario significat sacrificium Missae, quae est actio liturgica "per excellentiam." Sensu latiori liturgia denotat totum ministerium sacrum publicum i. e. celebrationem Missae, recitationem horarum canonicarum, administrationem sacramentorum et sacramentalium (expositionem Sanctissimi, distributionem s. communionis, absolutionem funebrium, functiones hebdomadae sanctae, processiones, varias benedictiones etc.).[25]

Dum temporibus antiquis res liturgicas etiam episcopi vel concilia particularia ordinabant, hodie c. 1257 statuit: "Unius Apostolicae Sedis est tum sacram ordinare liturgiam, tum liturgicos approbare libros." Ratio praecipua est conservatio disciplinae et concordiae in publico cultu divino.

Libri liturgici, hic commemorati, qui ritus sacros et caeremonias cultus divini publici ordinant, sunt: Missale Romanum, Breviarium, Rituale Romanum, Memoriale rituum, Caeremoniale Episcoporum, Pontificale Romanum.

Ad hos libros et ad praecepta quae in eis inveniuntur,

[24] Cf. Pruemmer, *o.c.*, p. 456.

[25] Cf. Wapelhorst, *Compendium sacrae liturgiae*, p. 1 sq.

Codex saepe refert. E. gr. de sacramentis in genere dicit: Cum sacramenta sint praecipua media sanctificationis et salutis, summa diligentia et reverentia in iis opportune riteque administrandis adhibenda est (c. 731, § 1); in sacramentis conficiendis, administrandis ac suscipiendis accurate serventur ritus et caeremoniae, quae in libris ritualibus ab Ecclesia probatis praecipiuntur (c. 733, § 1). De Baptismo: Parochus aquam baptismalem proprio ritu in suis liturgicis libris praescripto benedicat (c. 757, § 3); Baptismus conferatur secundum probatos diversarum Ecclesiarum rituales libros (c. 758). De SS. Eucharistia: Sacerdos celebrans Missam accurate et devote servet rubricas suorum ritualium librorum, reprobata quavis contraria consuetudine (c. 818); s. communio distribuenda est secundum proprium ritum (c. 851, § 1), excepta necessitate urgenti. De Extrema unctione: Unctiones verbis, ordine et modo in libris ritualibus praescripto, accurate peragantur (c. 947, § 1). De Matrimonio: Extra casum necessitatis, in matrimonii celebratione serventur ritus in libris ritualibus ab Ecclesia probatis praescripti (c. 1100). De Exsequiis: Totus ordo exsequiarum persolvatur secundum probatos libros liturgicos (cc. 1215, 1231, § 1); etiam pauperes sepeliantur secundum leges liturgicas (c. 1235), etc.

In hac dissertatione impossibile sane est separatim praebere vel etiam obiter enumerare omnes rubricas, quas sacerdotes Vicariatus foranei observare debent. Ex citatis tamen canonibus patet necessitas habendi praescriptos libros riturgicos eosque diligenter perlegendi ac caeremonias ritusque in eis descriptos devote servandi. Idem apparet ex c. 1261:

"Locorum Ordinarii advigilent ut sacrorum canonum praescripta de divino cultu sedulo observentur, et praesertim ne in cultum divinum sive publicum sive privatum aut in quotidianam fidelium vitam superstitiosa ulla praxis inducatur, aut quidquam admittatur a fide alienum vel ab ecclesiastica traditione absonum vel turpis quaestus speciem praeseferens. Si loci Ordinarius leges pro suo territorio hac in re tulerit, etiam religiosi omnes, exempti quoque, obligatione tenentur easdem servandi; et Ordinarius potest eorundem ecclesias vel publica oratoria in hunc finem visitare."

Hic canon totus citatur, quia eius executio committi potest Vicario foraneo, qui vices gerit Episcopi.

Addendum tandem est praescriptum canonis 2378: "Clerici maiores, qui in sacro ministerio ritus et caeremonias ab Ecclesia praescriptas, graviter negligant et moniti sese non emendaverint, suspendantur pro diversa reatus gravitate."

Quae res omnes sicut et rubricae ipsae bene percognitae esse debent Vicario foraneo, cuius muneris est invigilare, ut in toto suo Vicariatu religiose observentur.

TITULUS IX

Circa Bonorum Ecclesiasticorum Administrationem

Vicarius foraneus ius habet et officium invigilandi, num "bona ecclesiastica diligenter administrentur" (c. 447, § 1, n. 4).

Hic agitur de curatione i. e. conservatione et melioratione bonorum Ecclesiae.

Bona ecclesiastica sunt illa bona temporalia, sive corporalia, tum immobilia tum mobilia, sive incorporalia, quae ad aliquam personam moralem in Ecclesia (e. gr. paroeciam) pertinent (c. 1497, § 1).

Quae bona esse possunt aut corporalia aut incorporalia. *Corporalia* sunt ea quae sensu corporeo tangi possunt, ut pecunia, praedia, silvae. *Incorporalia* vero solo intellectu percipiuntur, e. gr. iura, actiones, obligationes. Corporalia dividuntur in bona *immobilia* et *mobilia*, prout fixa sunt in loco, e. gr. ecclesiae, domus, fundus; vel prout facile moveri possunt, e. gr. calices, paramenta sacra, animalia. Dividuntur etiam in *pretiosa* et *non pretiosa*, prout notabilem valorem sive artis sive historiae sive materiae causa habent vel non.[26]

Ordinarii loci est sedulo advigilare administrationi omnium bonorum ecclesiasticorum, quae in suo territorio sint nec ex eius iurisdictione fuerint subducta (c. 1519, § 1). Qui tenetur obligatione advigilandi etiam per Vicarios foraneos, ut beneficialia bona conserventur et rite administrentur (c. 1478).

Vicarius igitur foraneus novisse debet leges, administrationem bonorum ecclesiasticorum in suo Vicariatu regentes, sive communes Ecclesiae, sive particulares dioecesis, sive etiam leges civiles. Ecce paucas leges generales Ecclesiae de hac re:

Antequam administratores bonorum ecclesiasticorum suum munus ineant—1) Debent se bene et fideliter administraturos coram Ordinario loci vel Vicario foraneo iureiurando cavere;—2) Fiat accuratum et distinctum inventarium, ab omnibus subscribendum, qui concilium fabricae ecclesiae constituunt, rerum mobilium pretiosarum aliarumve cum descriptione atque aestimatione earundem; —3) Huius inventarii alterum exemplar conservetur in tabulario seu archivo administrationis, alterum in archivo curiae dioecesanae; et in utroque quaelibet immutatio adnotetur (c. 1522).

Administratores bonorum ecclesiasticorum cum diligentia boni patrisfamilias suum munus adimplere tenentur; ac proinde debent:—1) Vigilare, ne bona ecclesiastica suae curae concredita quoquo modo detrimentum capiant; —2) Praescripta servare iuris tam canonici quam civilis, aut quae a fundatore vel donatore legitime imposita sunt; —3) Reditus bonorum ac proventus accurate et iusto tempore exigere et loco tuto servare ac rite impendere; —4) Pecunia ecclesiae, quae supersit, uti in emolumentum ecclesiae;—5) Accepti et expensi libros bene ordinatos

[26] C. 1497, § 2. Cf. Pruemmer, *o.c.*, p. 517.

habere;—6) Documenta et instrumenta, quibus iura ecclesiae in bona nituntur, rite ordinata custodire in archivo ecclesiae vel curiae dioecesanae (c. 1523);—7) Singulis annis reddere rationem administrationis Ordinario loci (c. 1525, § 1).

Bona beneficialia debet beneficiarius ut curator beneficii administrare ad normam iuris (c. 1476, § 1). Etiam oblationes, in commodum paroeciae vel missionis factas, debet parochus vel missionarius eiusdem administrare (c. 1182, § 2). Si beneficiarius negligens aliove modo in culpa fuerit, damna resarcire beneficio debet atque ad ea compensanda ab Ordinario loci compellendus est; et si sit parochus, a paroecia removeri poterit (c. 1476, § 2). Si bona ad beneficia pertinentia in proprios usus converterit, incurrit excommunicationem aliasque poenas (c. 2346).

Administratores litem nomine ecclesiae ne inchoent vel contestentur, nisi licentiam obtinuerint scripto datam Ordinarii loci, aut saltem, si res urgeat, Vicarii foranei, qui statim Ordinarium de concessa licentia certiorem reddere debet (c. 1526). Posterior casus certo erit rarissimus—propter varios modos hodiernos communicandi velociter cum dissitis locis. Attamen contingere potest. Et si Vicarius foraneus comperiat casum esse vere urgentem nec ullam dari possibilitatem communicandi cum Ordinario, det veniam scriptam ac statim significet Ordinario rationes suas agendi in casu.[27] Sine tali licentia saltem orali administratores invalide agerent, quia ordinariae administrationis fines et modum excederent.[28]

Ordinarius enim est verus administrator omnium bonorum ecclesiasticorum in dioecesi.[29] Vicarius autem foraneus est eius adiutor, cui ius canonicum imponit obligationem pro viribus invigilandi et curandi, ut bona ecclesiastica sui districtus rite administrentur.

[27] Cf. Couly in *Le Canoniste*, XLVI, 34.
[28] C. 1527, § 1. Cf. Vermeersch-Creusen, *o.c.*, II, 484.
[29] Cf. Augustine, *o.c.*, VI, 588.

TITULUS X

Circa Onera Bonis Ecclesiasticis Annexa

Vicario foraneo ius est et officium invigilandi, num onera, in primis Missarum, bonis ecclesiasticis annexa, rite impleantur (c. 447, § 1, n. 4).

Hic tractatur de piis fundationibus.[30]

Nomine piarum fundationum significantur bona temporalia alicui personae morali in Ecclesia quoquo modo data, cum onere in perpetuum vel in diuturnum tempus ex reditibus annuis aliquas Missas celebrandi vel alias praefinitas functiones ecclesiasticas explendi, aut nonnulla pietatis et caritatis opera peragendi (c. 1544, § 1).—Pia igitur fundatio, legitime acceptata, naturam induit contractus bilateralis: *do, ut facias* (c. 1544, § 2); videlicet fundator dat pecuniam seu alia bona temporalia, ut aliqua persona moralis (e. gr. paroecia) faciat determinata opera pia vel religiosa ex reditibus idque in perpetuum vel in diuturnum tempus e. gr. per sexaginta annos.[31] Frequentissimum onus ita impositum sunt Missae fundatae.

Missae fundatae appellantur stipendia, quae ex fundationum reditibus percipiuntur (c. 826, § 3). Celebrantur quotidie vel certis quibusdam diebus ratione beneficii aut fundatoris instituto vel testatoris voluntate. Beneficiarius tenetur haec peculiaria onera beneficio annexa fideliter adimplere (c. 1475, § 1; cf. etiam c. 829).

Loci Ordinarius habet ius et officium advigilandi, ut onera Missarum (sicut et aliae obligationes ex fundationibus provenientes) in ecclesiis saecularium adimpleantur (c. 842). Cui de his omnibus exacta reddenda est ratio (c. 1549, § 2).

Quapropter in qualibet ecclesia onerum, ex piis fundationibus incumbentium, tabella conficiatur, quae apud

[30] In Statibus Foederatis Americae tales fundationes practice ignotas esse dicit cl. Miller in introductione suae dissertationis de *Founded Masses*. Cf. etiam Keller, *Mass Stipends*, pp. 61, 62.

[31] Cf. Pruemmer, *o.c.*, p. 533.

rectorem in loco tuto conservetur. Pariter praeter librum Missarum manualium, de quo in c. 843, § 1, alter liber retineatur et apud rectorem servetur, in quo singula onera perpetua et temporalia eorumque implementum et eleemosynae adnotentur, ut de iis omnibus exacta ratio Ordinario loci reddatur (c. 1549).

Ergo praeter Episcopum etiam Vicarius foraneus ius habet et officium istos libros investigandi et comperiendi, utrum supra notatae obligationes adimpletae fuerint necne.

TITULUS XI

Circa Libros Paroeciales

Ultimo "Vicario foraneo . . . ius et officium est invigilandi . . . rectene conscribantur et asserventur libri paroeciales" (c. 447, § 1, n. 4).

Iuxta ius commune Ecclesiae (c. 470) a parocho quinque libri paroeciales habendi sunt:

1) *Liber baptizatorum*, in quo adnotentur a) nomina baptizatorum, mentione facta de ministro, parentibus ac patrinis, de loco et die collati baptismi (c. 777); b) confirmatio postea recepta, matrimonium contractum, subdiaconatus susceptus, professio solemnis emissa.[32]

2) *Liber confirmatorum*, in quo describantur nomina ministri, confirmatorum, parentum ac patrinorum, dies et locus confirmationis (c. 798).

3) *Liber matrimoniorum*, in quo inscribantur nomina coniugum ac testium, locus et dies celebrati matrimonii (c. 1103).

4) *Liber defunctorum*, in quo describantur nomen et aetas defuncti, nomen parentum vel coniugis, tempus mortis, quis et quae sacramenta ministraverit, locus et tempus tumulationis (c. 1238).

5) *Liber status animarum*, in quo accurate describantur

[32] Quae adnotationes etiam in documentis accepti baptismatis semper referantur (c. 470, § 2).

singulae familiae et singula earum membra, notenturque varia de eorum vita, de receptis sacramentis etc.[33]

6) Praeter istos libros paroeciales habeant parochi etiam libros, quorum mentio iam supra facta est, nempe: *a*) accuratum inventarium omnium bonorum immobilium et mobilium, praesertim pretiosorum (c. 1522, n. 2); *b*) libros accepti et expensi (c. 1523, n. 5); *c*) librum Missarum manualium (c. 843, § 1); *d*) librum fundationum (c. 1549, § 2).

Ad tutiorem asservationem librorum paroecialium unusquisque parochus habeat tabularium seu *archivum*, in quo memorati libri custodiantur una cum Episcoporum epistolis, aliisque documentis, necessitatis vel utilitatis causa servandis. Quae omnia ab Ordinario vel eius delegato (et Vicario foraneo!) visitationis vel alio opportuno tempore inspicienda, parochus religiose caveat, ne ad extraneorum manus perveniant (c. 470, § 4).

Quam magni momenti et pretii ista esse censeantur, patet ex c. 473, § 2, qui requirit praesentiam Vicarii foranei vel alterius sacerdotis, ab Ordinario designati, quando vicarius oeconomus successori suo vel novo parocho tradit "clavem archivi et inventarium librorum ac documentorum aliarumque rerum, quae ad paroeciam pertinent."

In fine cuiuslibet anni authenticum exemplar librorum baptizatorum, confirmatorum, matrimoniorum, defunctorumque a parocho ad curiam episcopalem transmittendum est (c. 470, § 3).—Inscriptiones horum quatuor librorum sunt documenta publica, quae fidem faciunt (cc. 1816, 1813, § 1, n. 4). Proinde negligentia parochi in libris conscribendis et asservandis facile gravem reatum constituit, quod ad normam c. 2383 pro gravitate culpae puniendum est. De modo procedendi contra parochum, in adimplendis huiusmodi officiis negligentem, cf. cc. 2182–2185.

Vigilantia Vicarii foranei extenditur in omnes supra

[33] Cf. *Rituale Romanum*, tit. XII, c. 6.

dictos libros paroeciales, quae vero efficienter peragi non potest, nisi libri inspiciantur. Propterea paragraphus 2 eiusdem canonis 447 imponit Vicario foraneo obligationem visitandi paroecias, de qua in capite sequenti.

Si res hucusque dictae de vigilantia Vicarii foranei summatim repetendae et in pauca conferendae sunt, sine cunctatione concedi debet, eius potestatem vigilandi esse amplissimam. Extenditur enim ad universa munia, pertinentia ad sacerdotes curam animarum habentes. Vix datur ullum facinus a clericis peractum, quod scrutationi Vicarii foranei non subiicitur. Merito igitur dicitur eius functionem consistere potissimum in observando quae in eius Vicariatu eveniunt.[34]

[34] Cf. Couly in *Le canoniste*, XLVI, 30.

CAPUT VI

De Paroeciarum Visitatione

"De iis omnibus ut reddatur certior, Vicarius foraneus debet, statutis ab Episcopo temporibus, sui districtus paroecias visitare" (c. 447, § 2).

De iis omnibus scilicet, quae in capite praecedenti seu c. 447, § 1 enumerata sunt, Vicarius foraneus certam debet obtinere cognitionem, quam autem mera auditio et fama adipisci non potest. Proinde tenetur paroecias sibi commissas visitare.

Vicarius foraneus merito vocatur oculus et auris Episcopi, cuius officium et curam pastoralem participat eumque adiuvat in administratione dioecesana.[1] Et sicut Episcopus, ita et Vicarius foraneus habet non solum ius, sed etiam officium visitandi omnes et singulas ecclesias sui districtus.

Ad moderandas vero eius actiones, legislator supremus inseruit clausulam: "statutis ab Episcopo temporibus." Episcopus igitur determinat frequentiam istarum visitationum secundum proprium arbitrium suum e. gr. semel in anno.[1a] Nisi statuatur tempus, Vicarius foraneus paroecias visitare non potest et hic paragraphus legis otiatur. Quod autem fieri non debet. Nam secundum Formulam, datam a S. C. Consistoriali die 4 novembris

[1] *AKKR*, CI (1921), 73.

[1a] Examinatis statutis viginti dioecesium de visitatione paroeciarum a Vicario foraneo peragenda, comperta sunt sequentia: Quindecim dioeceses (Adriensis, Bergomensis, Clavarensis, Coloniensis, Crookstoniensis, Dianensis, Habanensis, Labacensis, Lavantina, Paderbornensis, Podlachiensis, Sandomiriensis, Valentina, Varsaviensis, Viterbiensis) praescribunt eam quolibet anno, una dioecesis (Bisuntina) quolibet quadriennio, duae dioeceses (Baiocensis et Buffalensis) quinto quoque anno; duae dioeceses (Cavensis et Sancti Joseph in Costa Rica) autem nullum tempus expresse designatum habent in suis statutis.

1918 et conficiendam ab Ordinariis omnium dioecesium, quisque Ordinarius in sua quinquennali relatione (cap. IX, n. 63) referre debet, "an Vicarii foranei adimpleant diligenter ea omnia quae can. 447 praescribit de vigilantia in ecclesiasticos viros sui ambitus seu districtus, de cura ut canonicae leges et decreta Ordinarii observentur, de aliisque; an *paroecias iuxta normas ab Ordinario datas visitent;* et an quotannis rationem reddant Ordinario de statu sui vicariatus iuxta can. 449."[2]

Magnum momentum visitationis paroeciarum a Vicario foraneo peragendae, agnoscitur ab omnibus. Card. Schulte vocat eam "pretiosissimam cooperationem Vicarii foranei in administratione dioecesana."[3] Secundum Episcopum Napotnik "haec visitatio est nervus disciplinae ecclesiasticae."[4] Item Episcopus Jeglič, qui etiam concedit "opus visitationis valde molestum esse."[5]

Ob hanc ultimam rationem sicut et ob clausulam "iuxta normas ab Ordinario datas" in modo citata Formula S. C. Consistorialis, unamquamque dioecesim habere opus est Vicario foraneo *ordinem procedendi in visitatione paroeciarum,* determinatum ab Episcopo aut in synodo dioecesana aut extra synodum. Talis ordo reddit opus visitationis facilius minusque molestum. Manifestat enim Vicario foraneo, quid ei faciendum sit, et parochis, quid expectare debeant. Non est dubium quin hos oporteat inspectionem accipere nullis adhibitis conatibus eam difficiliorem reddendi vel omnino vitandi.[6]

Visitatio peragenda est ad normas ab Ordinario praescriptas. Fieri potest vel publice solemni modo vel privatim. Dies praefinita visitationis potest divulgari vel non. Necopinata visitatio aliquando verum rerum statum melius manifestat quam praecognita.[7]

[2] *AAS*, X (1918), 497.
[3] *AKKR*, CI (1921), 78.
[4] *Gesta et statuta synodi dioec. Lavant.*, p. 380.
[5] *Synodus dioecesana Labac.*, p. 208.
[6] Cf. Couly in *Le canoniste*, XLVI (1924), 67.
[7] Cf. Augustine, *A Commentary on Canon Law*, II, 502.

Meminisse tamen oportet Vicarium foraneum non esse iudicem vel inquisitorem. Propterea debet prorsus se abstinere a iudicando et praesertim a condemnando. Neque debet se immiscere administrationi paroeciarum vel eam quocumque modo coarctari. E contra officium eius est procedendi tamquam amicus et consiliarius parochorum aliorumque sacerdotum sui districtus, discendi prudenter et discrete obstacula eorum, suaque auctoritate complanandi et amovendi difficultates.[8] Virtutes eum dirigentes sunto benignitas, prudentia, iustitia, zelus animarum. Ita facillius sibi conciliabit fiduciam cleri.

Vicarius foraneus cum nomine Episcopi agat, debet eum de omnibus in visitatione perfectis certiorem reddere, praesertim de iis, quae exceptionem mereantur vel male gesta sint.[9] Sed de hac ratione reddenda sermo erit infra in capite X.

[8] Cf. Couly, *o.c.*, pp. 30, 31; *AKKR, l.c.* Trenta, *Viterbiensis et Tuscanensis dioecesana synodus*, n. 138, scribit: "Advertant tamen se non posse parochos sibi habere subiectos in iis praesertim quae officia parochialia aut functiones sacras in eorum ecclesiis respiciunt, cum *ius et officium* sit Vicariorum foraneorum *potissimum invigilandi* super iis quae ius sive commune sive dioecesanum ipsis tribuit."

[9] Cf. Mothon, *Institutions canoniques*, I. 365, 366; De Meester, *Iuris canonici compendium*, II, 241; *AKKR, l.c.;* Napotnik, *Gesta et statuta synodi dioec. Lavant.*, p. 377; Jeglič, *Synodus dioeces. Labac.*, p. 207; Couly, *o.c.*, p. 68.

CAPUT VII

De Parochi Aegroti Cura

"Pertinet etiam ad Vicarium foraneum, statim atque audierit aliquem sui districtus parochum graviter aegrotare, operam dare ne spiritualibus ac materialibus auxiliis honestoque funere, cum decesserit, careat; et curare ne eo aegrotante vel decedente, libri, documenta, sacra supellex aliaque quae ad ecclesiam pertinent, depereant aut asportentur" (c. 447, § 3).

Hic paragraphus dividitur in duas partes.

Pars prior tractat de *parocho* aegroto et mortuo.—Parochus est sacerdos cui paroecia collata est in titulum cum cura animarum sub Ordinarii loci auctoritate exercenda (c. 451, § 1). Parochis aequiparantur et eorum nomine in iure veniunt quasi-parochi et vicarii paroeciales, si plena potestate paroeciali sint praediti (c. 451, § 2). Qui igitur includuntur a textu. Nihil tamen dicitur de vicariis adiutoribus aliisque sacerdotibus qui parochis non aequiparantur et propterea hic non comprehenduntur; subsunt enim parochis vel aliis superioribus, a quibus expectatur, ut adhibeant curam de suis subditis.

In textu non requiritur, ut parochus in periculo mortis versetur, sed sufficit, ut gravi morbo laboret.[1] Neque dicitur Vicarium foraneum debere parochum aegrotantem *visitare;* sed hoc intelligitur generatim, quia secus non posset bene novisse, quibusnam auxiliis ei opus sit.

Cum primum ergo audierit vel aliter (e. gr. scripto) notitiam acceperit, debet Vicarius foraneus sine mora curam adhibere, ne infirmus absque subsidiis spiritualibus et materialibus remaneat. Hoc pertinet ad eius officium et constituit partem obligationum, quibus tenetur.

[1] Cf. Blat, *Commentarium textus Codicis,* II, 479.

Subsidia, quae primo considerari debent, sunt spiritualia i. e. sacramenta, quae Vicarius foraneus aegroto tempestive administrare debet aut per se aut per alium, et praebere pariter reliqua pro aegrotis et morientibus a liturgia praescripta. Debet quoque ei consulere seu eum monere, ut etiam sua temporalia bona disponat, praesertim ut faciat suum testamentum et ordinet stipendia Missarum nondum persolutarum aliasque obligationes.[2] Et si aegrotus alio auxilio indigeat propter infirmitatem vel impotentiam sibi providendi, debet Vicarius foraneus istud subministrare.[3]

Cum parochus decesserit, debet Vicarius foraneus ex officio operam dare, ne ille honesto funere careat. Hoc ex iure communi. Singula funeris a iure particulari determinari possunt e. gr. convocatio sacerdotum vicariatus foranei, celebratio exsequiarum, persolutio sepulturae et similia.[4]

Posterior pars huius paragraphi agit de *bonis ecclesiae* aegroti vel defuncti parochi. Qui plerumque vel saltem saepe vivit et moritur in medio extraneorum, ad quos interdum non pertinet multum de bonis ecclesiae. Paragraphus 3 canonis 447 conatur his rebus mederi et stricte obligat Vicarium foraneum, ut curet, ne parocho aegrotante vel decedente libri, documenta, sacra supellex aliaque bona, quae ad ecclesiam pertinent, confundantur bonis privatis defuncti et ab eius heredibus vindicentur aut aliter depereant, sed tuto asserventur et successori tradantur.[5]

In segregandis bonis Ecclesiae a bonis defuncti monstratur pretium accurati inventarii et libri accepti et expensi ac libri intentionum Missarum necnon libri de implendis oneribus ecclesiae annexis. Si vero isti libri in confusione

[2] Cf. *AKKR*, CI (1921), 76; Ryx, *Prima synodus dioecesana Sandomiriensis*, p. 64; Trenta, *Viterbiensis et Tuscanensis dioecesana synodus*, n. 135.

[3] Cf. Blat, *l.c.*

[4] Cf. *AKKR*, *l. c.*; Ryx, *l. c.*; Humbrecht, *Acta et statuta synodi Bisuntinae*, p. 100.

[5] Cf. Couly in *Le canoniste*, XLVI (1924), 32; Mothon, *Institutions canoniques*, I, 366; Eichmann, *Lehrbuch des Kirchenrechts*, p. 188.

inextricabili inveniantur, ut aliquando fit, Vicarius foraneus debet pro viribus praecavere publicum scandalum et de omnibus Episcopum monere.[6]

Ex dictis liquet hunc paragraphum esse singulatim opportunum et maximas deberi gratias legislatori pro ipsius latione.[7] Neque minores gratias meretur Vicarius foraneus, qui eiusdem mandata fideliter exsequitur ad gloriam Dei honoremque Ecclesiae eius.

[6] Cf. Couly, *o.c.*, p. 33.
[7] Couly, *o.c.*, p. 32.

CAPUT VIII

De Conferentiis Pastoralibus

Aliud ius et officium magni momenti, quod Vicarius foraneus habet, est convocandi presbyteros sui districtus ad congressiones pastorales, quae a Codice appellantur conventus, coetus, collationes, conferentiae, iisque praes sidendi (cc. 131, 448).

TITULUS I

De Conferentiarum Institutione

Collationes pastorales iam ab antiquis temporibus habebantur in variis dioecesibus, ubi praescribebantur sacerdotibus ut obligatoriae.[1] Saepius etiam a variis Romanis Congregationibus et Summis Pontificibus innixe commendatae sunt.[2] Attamen non praescribebantur iure communi, sed tantum iure particulari in nonnullis locis usque ad tempora novissima.

Novus vero Codex iuris canonici vult conferentias pastorales inducere ubique terrarum, etiam in loca, ubi

[1] Saeculo IX et postea vocabantur Kalendae (c. 9, Dist. 44). Cf. supra p. 36.

[2] Cf. Conc. Roman. a 1725 sub Benedicto XIII, tit. XV, c. 9: "Congregationes tum in civitatibus tum in dioecesibus per omnes de clero sacris initiatos, canonicos, parochos et confessarios, (regulares etiam, dummodo morales in eorum conventibus lectiones non habeantur, alias ab audiendis confessionibus suspendendos) semel in unaquaque hebdomada certoque designando die et sub certa poena pecuniaria contra contumaces habeantur, in quibus alternatim et rituum et conscientiae casus proponantur, discutiantur et practice exerceantur." (*Coll. Lac.*, I, 371). Et Pius IX scripsit in epistola encyclica "Singulari quidem" die 17 marti 1856 Episcopis Austriae: "Optatissimum Nobis est, ut a vobis, ubi fieri possit, in omnibus vestrarum dioecesium regionibus instituantur opportunis regulis congressus de morum praesertim theologia ac de sacris ritibus, ad quos singuli potissimum presbyteri teneantur accedere et afferre scripto consignatam propositae a vobis quaestionis explicationem et aliquo temporis spatio a vobis praefiniendo inter se disserere de morali theologia deque sacrorum rituum disciplina, postquam aliquis ex ipsis presbyteris sermonem de sacerdotalibus praecipue officiis habuerit." (*Coll. Lac.*, V, 1246).

nondum vigebant. Itaque praecepit: "conventus habeantur!"[3] Iuxta ius commune igitur nunc ubique in civitatibus episcopalibus et in singulis Vicariatibus foraneis conferentiae sacerdotales institui et haberi debent.[4]

Hanc esse mentem S. Sedis patet ex eius Formulis, missis ad omnes Ordinarios locorum pro relatione quinquennali conficienda. In Formula data a S. C. Consistoriali die 4 novembris 1918, quaeritur ab Ordinariis omnium dioecesium, ut quisque respondeat: "Quo fructu Ordinarius curaverit ut clerici omnes ea adimpleant quae recensent cc. 131 et 448 circa conferentias cleri."[5] Et S. C. de Propaganda Fide misit die 16 aprilis 1922 epistolam ad Episcopos, Vicarios, Praefectosque Apostolicos ac missionum Superiores de Relationibus missionum, ubi quaeritur: "Utrum omnes sacerdotes studio doctrinae moralis incumbant, et utrum ad hoc studium fovendum habeantur conventus pro casuum moralium examine conficiendo (cc. 131 et 448)."[6] Num hae quaestiones proponerentur, si Ordinarii locorum nullam prorsus haberent obligationem instituendi conferentias pastorales?[7]

TITULUS II

De Conferentiarum Frequentia

Priusquam vero hae conferentiae reapse haberi possunt, requiritur designatio temporis earum, facienda ab Episcopo vel Ordinario loci. Codex enim dicit conferentias "diebus ab Episcopo designatis" (c. 448, § 1) et "saepius in anno

[3] C. 131, § 1.

[4] Cf. Toso, *Ad Codicem commentaria*, IV, 94: "haberi debent conventus"; Chelodi, *Ius de personis*, p. 187: "habendi sunt conventus"; Vermeersch-Creusen, *Epitome iuris canonici*, I, 144: "collationes praescribuntur"; Pruemmer, *Manuale iuris canonici*, p. 91: "conferentiae nunc praescribuntur"; Cocchi, *Commentarium in codicem*, II, 110: "praxim praecipiunt"; Maroto, *Institutiones iuris canonici*, I, 642, etiam loquitur de conferentiarum obligatione. Quam obligationem vero negat Leitner, *Handbuch des kath. Kirchenrechts*, II, 227, dicens: "Wenn auch der Kodex *keine* eigentliche Pflicht aufstellt. . . ."

[5] *AAS*, X (1918), 495.

[6] *AAS*, XIV (1922), 292.

[7] Ipse cl. Leitner concedit, "dass der Kirche die Abhaltung dieser Konferenzen eine Herzensangelegenheit ist" (*o.c.*, p. 228).

diebus arbitrio Ordinarii loci praestituendis" (c. 131, § 1) habendas esse.

Nota primo verba "Ordinarii loci," quorum significatio multo latior est quam vocis "Episcopi." Comprehendunt enim praeter Romanum Pontificem: Episcopum residentialem, Abbatem et Praefectum nullius eorumque Vicarios Generales, Administratorem, Vicarium et Praefectum Apostolicum—quemque pro territorio ei assignato—itemque eos, qui praedictis deficientibus interim ex iuris praescripto aut ex probatis constitutionibus succedunt in regimine; ergo Vicarium Capitularem seu Administratorem dioecesis.[8]

Qui igitur omnes habent ius et officium designandi et praestituendi tempora et dies conferentiarum secundum eorum arbitrium. Sententia ergo finalis de hac re relinquitur prudenti iudicio Ordinarii loci.

Multo iuvabit meminisse Codicis verba "saepius in anno" (c. 131, § 1). Vox "saepius" adhibetur frequenter pro "saepe" et significat crebro, frequenter, multis vicibus.[9]

Ex hac voce frequentia conferentiarum varie interpretatur a doctoribus. "Saepius in anno" denotat circiter bis vel ter iuxta Augustine, quater saltem iuxta Blat, quolibet mense iuxta Cocchi et Pruemmer, semel in mense iuxta Vidal et Maroto.[10]

In praxi diversae dioeceses multum variant in frequentia collationum. Romae habentur XII conferentiae morales et XII liturgicae per annum.[11] In regionibus romanis collationes frequentissime tenentur: duodenae in anno in multis locis Italiae (e. gr. in Sicilia), octonae et plures in Belgio, senae in Gallia, quinae Adriae, quarternae Bergomi, Tridenti, Podlachiae etc.; in reliquis dioecesibus Europae et Americae Septentrionalis plerumque minus saepe: ter vel bis, in paucis locis tantum semel in anno.[12]

[8] Cf. c. 198.

[9] Cf. Leverett, *Lexicon of the Latin language*, verbo "saepe."

[10] Augustine, *A Commentary on Canon Law*, II, 76; Blat, *Commentarium textus Codicis*, II, 84; Cocchi, *o.c.*, II, 110; Pruemmer, *o.c.*, p. 91; Wernz-Vidal, *Ius canonicum*, II, 159; Maroto, *o.c.*, I, 643.

[11] Maroto, *l. c.*

Quibus omnibus consideratis concludendum est: Quinquies vel sexies in anno certe saepius est. Si ipsum verbum "saepe" vel "saepius" solum excogitetur, ter vel quater videtur esse minimum, ut legi satisfiat; si vero difficultates aliquorum locorum ac temporum ponderentur, tum "saepe" bis exaequare potest.

Proinde legislator sapienter egit relinquendo determinationem dierum, quibus conferentiae habeantur, prudenti arbitrio Episcopi vel Ordinarii loci.

TITULUS III

De Conferentiarum Fine

Finis conferentiarum divulgatur in c. 131, § 1, ubi statuitur tales conventus habendos esse "de re morali et liturgia; quibus addi possunt aliae exercitationes, quas Ordinarius opportunas iudicaverit ad scientiam et pietatem clericorum promovendam." Patet ergo duplicem esse praecipue finem, ob quem conferentiae pastorales constituuntur:

Primarius et particularis finis est, ut sacerdotes perficiant suam scientiam praesertim in rite audiendis confessionibus et accurate observandis rubricis sacrorum rituum. Ideo in conferentiis tractandi sunt imprimis casus conscientiae ex theologia morali et res liturgicae de administratione sacramentorum, celebratione Missae etc.[13]

Finis secundarius et generalis est, ut sacerdotes foveant

[12] Cf. Haring, *Grundzuege des kath. Kirchenrechtes*, pp. 333–335; *Concilium plenarium Siculum* a. 1920, c. 60, n. 1; Bouuaert, *Manuale iuris canonici*, p. 157; Mothon, *Institutions canoniques*, I, 78; Rizzi, *Constitutiones synodi Adriensis* a. 1925, n. 21; Marelli, *Bergomensis ecclesiae synodus* a. 1923, n. 37; Chelodi, *o.c.*, p. 186; *AKKR*, CI, 78, 79; Przeździecki, *Synodus dioecesana Podlachiensis*, a. 1923, stat. 80.

[13] Mothon, *o.c.*, I, 83 scribit: "La matière ordinaire et habituelle des conférences . . . doit être la théologie morale et la liturgie." Similiter Lucidi, *De visitatione sacrorum liminum*, I, 510. Et Couly in *Le canoniste*, XLVI, 67, immerito omittens res liturgicas dicit: "Les cas de conscience devraient constituer le fond des conférences ecclésiastiques." Cf. S.C.C., *Forosempronien.* 3 sept. 1630 (Pignatelli, *Consultationes canonicae*, I, n. 417); Conc. Roman. a. 1725, tit. XV, c. 9 (*Coll. Lac.*, I, 371); S.C. de Propag. Fide, instr. ad Vic. App. Indiar. Orient., 8 sept. 1869, n. 11 (*Collectanea*, II, n. 1346).

studium theologicum ad firmandam et amplificandam summam scientiarum sacrarum, et augeant pietatem. Quapropter Ordinarius curriculo conferentiarum addere potest res ex theologia dogmatica, sacra scriptura, iure canonico, historia ecclesiastica, apologia et generatim ex omnibus scientiis sacris, quas ipse opportunas iudicaverit, ut tractentur in conferentiis ad sacerdotum scientiam et pietatem promovendam. Ad fovendam pietatem in nonnullis locis adiungitur brevis concio vel lectio de officiis vel virtutibus sacerdotalibus.[14]

Sunt autem et alii fines, sicut apparet ex variis decisionibus, e. gr. ut amoveatur opinionum difformitas, inducatur uniformitas agendi in administratione sacramentorum, solvantur varia dubia in curae animarum exercitio, ut tractentur causae respicientes varia officia sacerdotum et obligationes paroeciales ac executionem decretorum synodalium aliarumque ordinationum episcopi etc.[15]

TITULUS IV

De Conferentiarum Loco Et Moderatore

Ubi habendae sunt conferentiae? Codex respondet: "in civitate episcopali et in singulis vicariatibus foraneis" (c. 131, § 1). Verba "in civitate episcopali" significant in capite dioecesis vel abbatiae vel praelaturae nullius, ubi conferentiae convocandae sunt ab Episcopo vel Ordinario loci, non vero a Vicario foraneo, qui generatim districtui tantum rurali praeest, nisi forsitan eius iurisdictioni etiam civitas episcopalis subiicitur, ut aliquando fit. In singulis Vicariatibus foraneis autem collationes cogendae sunt a Vicariis foraneis. Nam:

[14] Pius IX, encycl. "*Singulari quidem,*" 7 martii 1856 (*Coll. Lac.*, V. 1246); Mothon, *o.c.*, I, 83; Wernz-Vidal, *o.c.*, II, 159; Napotnik, *Gesta et statuta synodi Lavant.*, p. 362; Maroto, *o.c.*, I, 643.

[15] S. C. Ep. et Reg., *Lucana*, 1 iulii 1579 (Gasparri, *Fontes*, IV, n. 1359); S. C. Ep. et Reg., *Ferrarien.*, 13 oct. 1593 (Gasparri, *o.c.*, IV, n. 1495); S. C. Ep. et Reg., *Patavina*, 27 maii 1598 (Gasparri, *o.c.*, n. 1572); S. C. de Prop. Fide, instr. ad Vic. App. Indiar. Orient., 8 sept. 1869, n. 11 (*Collectanea*, II, n. 1346); Augustine, *o.c.*, II, p. 76; Aichner, *Compendium iuris ecclesiastici*, p. 453; Couly, *o.c.*, p. 65.

"Vicarius foraneus debet, diebus ab Episcopo designatis, convocare presbyteros proprii districtus ad conventus seu collationes de quibus in c. 131, eisdemque praeesse; ubi vero plures habeantur huiusmodi coetus in variis districtus locis, invigilare ut rite celebrentur" (c. 448, § 1).

Vicarius foraneus "debet" i. e. ei officium et ius est convocandi sacerdotes proprii districtus ad collationes. "Proprius districtus" huius canonis idem est ac Vicariatus foraneus commemoratus in c. 131, § 1, scilicet territorium, cui Vicarius foraneus praeest.

Vicarius foraneus ergo, secundum ius commune, est praeses et moderator natus conferentiarum in territorio sui Vicariatus.[15a] Eius est invigilare, ut istae competenter tractentur et finem consequantur, ob quem institutae sunt. Hoc valet etiam si conferentiae sui districtus ab Ordinario loci dividantur in duas vel plures partes (propter amplitudinem territorii aut magnum numerum sacerdotum aut aliam rationem) et ita plures conferentiae habeantur in variis locis eiusdem districtus. Vicarius foraneus etiam in hoc casu curare et rationem reddere debet de apta celebratione uniuscuiusque divisionis. Quibus singulis partitis collationibus ipse praeesse potest, si habeantur variis diebus, secus autem aliquem sacerdotem delegare, qui collationi praesit. Hoc ius habet ex sua ordinaria potestate iuxta c. 199, § 1. Si vero in eius Vicariatu foraneo vicedecanus constitutus sit, istud officium in hunc incumbit. Diximus: "singulis partitis collationibus ipse Vicarius foraneus praeesse potest"; non vero debet personaliter hoc facere, etiam si variis diebus habeantur istae collationes, ne nimio onere gravetur, maxime si sit parochus cura animarum distentus.[16] Hoc logice deducitur ex altera parte citati c. 448, § 1, ubi sermo est solum de eius vigilantia, non vero de eius praesentia, quae ergo a lege non requiritur.

[15a] Cf. Humbrecht, *Acta et statuta synodi Bisuntinae*, p. 99.
[16] Augustine, *o.c.*, II, 503.

De loco vel sede speciali, ubi conferentiae in Vicariatibus foraneis habendae sint, ius commune nihil statuit, sed rem relinquit curae singulorum Ordinariorum locorum, qui eam determinent in suis decretis secundum locorum circumstantias. Discretioni eorundem relinquitur etiam res, de qua in titulo sequenti.

TITULUS V

De Modo Supplendi Conferentias

"Si conventus haberi difficile sit, resolutae quaestiones scriptae mittantur, secundum normas ab Ordinario statuendas" (c. 131, § 2).

Hic statuitur modus supplendi conferentias in casibus extraordinariis.[17] Tales casus oriri possunt ex variis locorum et temporum adiunctis e. gr. ob magnam distantiam, ob itineris difficultates, ob anni intemperiem, ob parvum numerum sacerdotum, ob nimios eorum labores aut ob aliam similem gravem causam.[18]

Quibus in casibus, venia Ordinarii, conferentiae praetermitti possunt, non vero elaboratio quaestionum. Talis saltem est sensus supra citati § 2, secundum quem propositae quaestiones a sacerdotibus domi scriptis exarandae sunt toties quoties conferentiae habendae sint. Materia quaestionum sumenda est de rebus usitatis et supra enumeratis. Solutiones scriptae mitti debent, secundum normas ab Ordinario statutas, sive ei ipsi sive eius cancellario sive alii ad hoc designato. Curia vero episcopalis vel examinatores synodales singulorum scripta sedulo expendant et, ubi opus sit, corrigant et emendent et ita correcta et emendata suis auctoribus remittant.[19] Sed in lege communi nihil invenitur de hisce ultimis rebus, quae igitur relinquuntur plenae discretioni Ordinarii loci.

[17] Maroto, *o.c.*, I, 642.

[18] Cf. Lucidi, *o.c.*, I, 509; Blat, *o.c.*, II, 84; Cocchi, *o.c.*, II, 110; Pruemmer, *o.c.*, p. 91; Wernz-Vidal, *o.c.*, II, 159.

[19] Cf. Lucidi, *o.c.*, I, 510; Augustine, *o.c.*, II, 76.

TITULUS VI

Quis Conferentiis Interesse Debet

Qui huic oneri subiiciuntur, enumerantur in c. 131, § 3: "Conventui interesse, aut, deficiente conventu, scriptam casuum solutionem mittere debent, nisi a loci Ordinario exemptionem antea expresse obtinuerint, tum omnes sacerdotes saeculares, tum religiosi licet exempti curam animarum habentes et etiam, si collatio in eorum domibus non habeatur, alii religiosi qui facultatem audiendi confessiones ab Ordinario obtinuerunt."

Si iusta de causa aliquis sacerdos conferentiae interesse aut quaestionum solutionem, de qua in § 2 huius canonis, scribere non potest, licet Ordinario loci dispensare eum a conveniendo vel a scribendo. Quae dispensatio vero per se non est praesumenda, sed debet expresse et ante conferentiam obtineri, si possibile sit; quae concedi potest aut ab Ordinario ipso aut ab eius delegato e. gr. Vicario foraneo. Sed cum hic agatur de dispensatione a lege communi iuris, haec dispensatio fundetur oportet supra conditiones statutas in c. 84. Nullus autem sacerdos ab assistendo conferentiis pastoralibus sine iusta causa dispensandus est.[20]

Tales causae excusantes essent: morbus gravis, praesertim prolongatus, negotia prementia, quae postponi nequeunt, viarum impedimenta, provecta aetas, recognita peritia in disciplinis sacris, exercitium docendi, praecipue si hae disciplinae tradantur etc.[21] In hac re sequendae sunt consuetudines approbatae ab Ordinario loci.[22]

Conferentiis debent interesse soli presbyteri seu sacerdotes. Nihil dicitur de reliquis clericis, qui proinde hac lege non obligantur.[23] Secundum ius commune debent huiusmodi conventibus interesse tantum sequentes:

[20] Mothon, *o.c.*, I, 82.

[21] Benedict. XIV, *Institution. ecclesiast.*, III, inst. 102, n. 5; Maroto, *o.c.*, I, 643.

[22] Mothon, *o.c.*, I, 85.

[23] Neque invitandi sunt laici, qui in pluribus dioecesibus a statutis synodalibus expresse arcentur etiam a coena, quae conferentiam sequitur. Cf. Mothon, *o.c.*, I, 88.

1) Omnes sacerdotes saeculares, quicumque sint et qualescumque eorum functiones seu dignitates; imprimis ergo omnes sacerdotes animarum curam sensu stricto verbi habentes, ut parochi, quasi-parochi, rectores missionum et ecclesiarum aliique qui parochis assimilantur; deinde omnes qui istos in cura animarum adiuvant sive in genere sive in audiendis tantum confessionibus, ut vicarii cooperatores, cappellani, catechistae etc.; et ultimo omnes alii sacerdotes saeculares, etiam non confessarii, ut parochi et vicarii emeriti, professores seminariorum, canonici etc.[24] Textus legis communis liquidissimus est et loquitur absolute nec ullam notat exceptionem.[25]

2) Collationibus interesse debent omnes sacerdotes religiosi vel regulares, etiam exempti, qui ex officio habent curam animarum, i. e. parochi, quasi-parochi, rectores missionum, vicarii qui parochis aequiparantur, inclusis etiam praelatis, si curam gerunt animarum.[26] Textus canonis planus est in hac re et absolutus. Nihil ergo refert, utrum habent collationes in suis domibus religiosis necne. Haec lex autem non obligat illos religiosos sacer-

[24] Benedictus XIV, const. "*Firmandis*," 6 nov. 1744, § 9 (Gasparri, *Fontes*, I, n. 349); Leo XIII, const. "*Romanos Pontifices*," 8 maii 1881, § 11 (Gasparri, *Fontes*, III, n. 582); S. C. Ep. et Reg., *Ferrarien.*, 13 oct. 1593 (Gasparri, *Fontes*, IV, n. 1495); S. C. Ep. et Reg., *Collen.*, 2 aug. 1594 (Gasparri, *Fontes*, IV, n. 1515); Aichner, *o.c.*, p. 452; Cocchi, *o.c.*, II, 111; Maroto, *o.c.*, I, 643.—In aliquibus dioecesibus praevalet singularis consuetudo canonicorum conveniendi in propriis conferentiis, separatis a reliquis sacerdotibus; cf. Mothon, *o.c.*, I, p. 81. Canonicos non esse exceptos a collationibus liquet ex pluribus decisionibus, e. gr. S. C. Ep. et Reg., *Ferrarien.*, 13 oct. 1593; S. C. Conc., 15 martii 1692.

[25] Mothon, *o.c.*, I, 81; Blat, *o.c.*, II, 85. Simplices sacerdotes saeculares non confessarii olim non stricte obligabantur hac lege et proinde non erant cogendi, sed tantum hortandi ad conveniendum in istis conferentiis. Cf. S. C. Ep. et Reg., *Collen.*, 2 aug. 1594 (Gasparri, *Fontes*, IV, n. 1515); S. C. C., 15 mart. 1692; S. C. Ep. et Reg., *Castri Maris*, 8 maii 1716 (Bizzarri, *Collectanea*, pp. 303–304).

[26] Benedictus XIV, const. "*Firmandis*," 6. nov. 1744, § 9 (Casparri, *Fontes*, I, n. 349); Leo XIII, const. "*Romanos Pontifices*," 8 maii 1881, § 11 (Gasparri, *Fontes*, III, n. 582); S. C. C., *Forosempronien.*, 3 sept. 1650 (Pignatelli, *o.c.*, I, n. 417); S. C. Ep. et Reg., *Lucana*, 1 iulii 1579 (Gasparri, *Fontes*, IV, n. 1359); S. C. Ep. et Reg., *Ferrarien.*, 13 oct. 1593 (Gasparri, *Fontes*, IV, n. 1495); S. C. Ep. et Reg., *Patavina*, 27 maii 1598 (Gasparri, *Fontes*, IV, n. 1572); Augustine, *o.c.*, II, pp. 76–77; Blat. *o.c.*, II, p. 85.

dotes, qui non censentur ex officio deputati ad curam animarum sensu stricto verbi; propterea religiosi vicarii cooperatores parochorum vel rectorum missionum vel quasi-parochorum hic non includuntur.[27]

3) Conferentiis interesse debent etiam omnes alii sacerdotes religiosi, qui ab Ordinario facultatem habent audiendi confessiones sive laicorum sive sororum, sub conditione tamen, si collationes in eorum domibus non habeant.[28] Non ergo includuntur religiosi exempti, qui a suo Superiore iurisdictionem obtinuerunt audiendi confessiones religiosorum eiusdem religionis eiusque domesticorum.[29] Neque sane comprehenduntur sacerdotes regulares, qui non sunt confessarii, salvis etiam iis religiosis, quos speciale privilegium eximit de frequentatione conferentiarum dioecesanarum.[30] Cui oneri autem subiiciuntur omnes illi confessarii religiosi, etiam exempti, qui facultates audiendi confessiones *ab Episcopo* acceperunt, qui ergo debent interesse conferentiis sacerdotum saecularium, nisi collationes in eorum domibus habeantur.[31] Hinc si tales conferentiae habeantur in eorum domibus, tunc a collationibus sacerdotum saecularium prorsus exempti sunt.

De quarum collationum existentia in domibus religio-

[27] Cf. Vermeersch-Creusen, *o.c.*, I, 145; Fanfani, *De iure parochorum*, p. 342.

[28] Leo XIII, const. "*Romanos Pontifices*," 8 maii 1881, § 11 (Gasparri, *Fontes*, III, n. 582); Mothon, *o.c.*, I, 81–82; Augustine, *o.c.*, II, 77; VIII, 455–456.

De hac praescriptione c. 131, § 3 notat cl. Maroto, *Commentarium pro religiosis*, IV (1923), p. 131: "Videtur maxime providere illis casibus, in quibus agitur de domo religiosa non formata; in hac enim non urget per se obligatio quam decernit c. 591 relate ad menstruas collationes a religiosis habendas pro solutione casuum moralium et liturgicorum."

[29] Vermeersch-Creusen, *o.c.*, III, 306.

[30] Cf. Augustine, *o.c.*, VIII, 456.

[31] Haec clausula excipiens sumpta est ex Concilio Romano a. 1725, tit. XV, c. 9 (*Coll. Lac.*, I, 591). Tales collationes pro religiosis praescribit c. 591 novi Codicis, qui statuit: "In qualibet saltem formata domo, minimum semel in mense, habeatur solutio casus moralis et liturgici, cui, si Superior opportunum existimaverit, addi potest sermo de re dogmatica coniunctisve doctrinis; et omnes clerici professi qui studio sacrae theologiae operam navant aut illud expleverunt et in domo degunt, assistere tenentur, nisi aliud in constitutionibus caveatur."

sorum scire debet loci Ordinarius, qui tamen per se conquiescere potest in declaratione Superioris religiosi, utrum istae habeantur necne.[31a]

Poenae contra negligentes.—Ordinario loci ius est et officium puniendi illos presbyteros saeculares et religiosos, qui post canonicam monitionem repetitam vel peremptoriam collationes dioecesanas contumaciter negligunt.[32] Sapienti arbitrio Ordinarii relinquitur optio aptae poenae eligendae. Canon 2377 enim statuit: "Sacerdotes contra praescriptum c. 131, § 1 contumaces, Ordinarius pro suo prudenti arbitrio puniat; quod si fuerint religiosi confessarii curam animarum non gerentes, eos ab audiendis saecularium confessionibus suspendat."[33]

TITULUS VII

De Reliquis Circa Conferentias Notandis

Quae diffuse de conferentiis considerata sunt, summatim repeti possunt ut sequitur: Codex desiderat promovere sacerdotum scientiam, praesertim moralem et liturgicam, ac fovere eorum pietatem. Ideo vult conferentias pastorales instituere ubique locorum easque habere saepius in anno diebus, quorum designationem relinquit Ordinariis locorum. Hisce cedit etiam ius tollendi conferentias iusta de causa easque supplendi scriptis solutionibus mittendis ad curiam dioecesanam. Vicariis vero foraneis tribuit officium convocandi et moderandi conferentias. Denique Codex enumerat sacerdotes, qui collationibus interesse debent nempe: omnes presbyteri saeculares et illi religiosi qui curam agunt animarum; religiosi confessarii

[31a] Cf. Maroto, *o.c.*, I, 643; Augustine, *o.c.*, VIII, 455–456.

[32] Vermeersch-Creusen, *o.c.*, III, 306. Hic cl. Toso (*o.c.*, IV. 94) addit de Vicario foraneo: "Nulla vero ei competit, secus ac antiquitus, potestas ordinaria in eos qui non paruerint animadvertendi, ne poenis quidem pecuniariis."

[33] Cl. Couly notat: "Rien ne s'oppose, dans le Droit, à ce que l'Ordinaire établisse dans ses statuts diocésains des peines, même *latae sententiae*, contre les prêtres qui, sans raison sérieuse, manqueraient les conférences ou refuseraient de présenter les mémoires qui leur sont demandés." *Le canoniste*, XLVI, 67.

populi autem solum, si in eorum domibus nullae habentur conferentiae. Contumaciter conferentias negligentes puniendi sunt.

Animadvertendum est quod Codex non nisi leges generales statuat, relinquens locorum *Ordinariis* curam determinandi *normas particulares* de conferentiis.[34] Quarum aliqua iam supra notata sunt. Ex reliquis addi possunt maxime determinatio seu electio quaestionum solvendarum in collationibus et ordinatio interna, sequenda in collationum moderatione. Qua de re Ordinarii locorum edant statuta circumstantiis dioecesium suarum accomodata oportet. Apta exempla huiusmodi reperiuntur in variis statutis dioecesanis et actis conciliorum provincialium recentioribus.[35] Si enim conferentiae recte ordinentur ab Episcopis et scite moderentur a Vicariis foraneis, optimi semper fructus inde derivantur, ut communis experientia docet.[36]

[34] Mothon, *o.c.*, I, 78.

[35] Multas monitiones utiles praebet etiam cl. Mothon, *o.c.*, I, 78–88.

[36] Cf. Couly, *o.c.*, p. 66; Benedictus XIV, *Institution. eccles.*, I, inst. 32, n. 6; III, inst. 102, n. 1.

CAPUT IX

De Vicarii Foranei Residentia

Inter gravissima officia ad Vicarium foraneum spectantia est obligatio eius servandi residentiam. Quae obligatio promanat aut ex solo eius officio Vicarii foranei aut, sicut plerumque fit, etiam ex eius officio parochiali, quo in casu debet residere *duplici* titulo, nempe sicut parochus et sicut Vicarius foraneus.[1]

I. Iuxta c. 446, § 1, Vicarius foraneus eligendus est "praesertim inter rectores ecclesiarum paroecialium." Proinde generatim parochus est, habens beneficium, cui annectitur cura animarum. Quam ob rem adstringitur omnibus officiis paroecialibus, quorum unum est residendi in sua paroecia (c. 465, § 2). Sed de obligatione residentiae quae parocho incumbit, iam supra tractatum est, itaque res hic non est repetenda.

II. Aliquando tamen Vicarius foraneus non est parochus; quo in casu applicandus est tantum § 2, c. 448: "Si non sit parochus, debet residere in territorio vicariatus vel alio in loco non valde distanti secundum normas ab Episcopo definiendas."

Codex non vult Vicarium foraneum esse periodeutam seu viatorem perpetuum; proinde iubet: "Debet residere!" Non autem alligat eum ad aliquem particularem locum vel aliquod oppidum, sed sinit eum residere ubicumque intra limites sui territorii vel etiam "alio in loco non multum distanti" i. e. sito extra territorium Vicariatus foranei.[2] Addit tamen clausulam: "secundum normas ab Episcopo definiendas."

[1] Cf. Couly in *Le canoniste*, XLVI (1924), 28.

[2] Cf. S. C. Ep. et Reg., *Troian.*, 22 dec. 1646 (Pellegrini, *Praxis vicariorum*, pars I, sect. 7, subsect. 1, n. 10). Ibi additur: "Locus autem debet esse oppidum numerosum a civitate episcopali remotum; et ibi teneri debet Vicarius foraneus secundum solitum."

Ex ipsa rei natura apertum est Vicarium foraneum habitualiter degere debere in territorio sui vicariatus, quandocumque possibile. Ob iustam tamen causam sinitur aliquando residere extra sui vicariatus limites. Insuper habitare debeat in aliquo loco ita sito, ut facilis sit accessus.[3]

Cuius causa seu ratio saltem duplex est scilicet: *a*) ut sacerdotes et populus sine difficultate ad Vicarium foraneum pervenire possint ad negotia sua transigenda quando necessarium; *b*) ut ipse facile communicare possit cum omnibus partibus sui districtus.

Vicarius foraneus est persona publica habens officium ecclesiasticum publicum, quod consistit praesertim in vigilantia in sacerdotes Vicariatus foranei. Si viveret procul a suo territorio, officium suum rite et congrue adimplere non posset.[4] Propterea resideat intra vel prope suum districtum cui praeest. Sed ius commune relinquit dispositionem singularum partium prudenti iudicio Episcopi cui definiendae sunt normae seu regulae de hac re singulis in casibus.

Nota verbum "Episcopi," cuius mentio fit in citato § 2, c. 448. Ergo definitio et approbatio harum normarum a iure communi non conceditur Ordinario loci iisque qui in iure intelliguntur hoc nomine (c. 198, § 2), sed tantum Episcopo eiusque nomine venientibus (c. 215, § 2).

Haec de *loco* residentiae Vicarii foranei.

Quid vero de *modo* servandi istam residentiam? Si Vicarius foraneus sit parochus, quod plerumque contingit, casus simplex est facilisque solutionis; nam nihil debet nisi sequi leges, statutas de parochorum residentia. Si vero non sit parochus, sed solum Vicarius foraneus sine animarum cura, Codex nihil expresse dicit de modo observandi residentiam praeter generalem notam, ut debeat observare normas ab Episcopo definiendas (c. 448, § 2). Hic enim casus potius extraordinarius est requiritque

[3] Cf. *AKKR*, CI (1921), 73.

[4] Cf. Wernz-Vidal, *Ius canonicum*, II, 702; Cocchi, *Commentarium in Codicem*, III, 360.

speciales regulas pro singulis vicibus ab Episcopo dioecesis statuendas.

Per se apparet residentiam Vicarii foranei esse formalem seu activam oportere, non mere materialem seu passivam. Debet enim onera officii sui personaliter assidue implere. Unde suae obligationi non satisfacit, qui otiosus tantum in Vicariatu moras trahit, quamvis forte poenas effugit, quae statutae vel statuendae sunt in non residentem.[5]

Officium Vicarii foranei ipso iure est residentiale. Si ergo illegitime absit, eo ipso privatur fructibus sui officii pro rata illegitimae absentiae eosque tradere debet Ordinario (c. 2381) et contumax aliis poenis vel etiam ipsa officii privatione plectendus est. Canones 2168–2175 continent specialem modum procedendi contra clericos, legem residentiae non observantes, ideo et contra Vicarium foraneum, hanc legem negligentem.

Quam ob rem prudens Vicarius foraneus, qui suum officium serio existimat, fideliter servabit legem residentiae non solum iuxta eius literam, sed etiam iuxta eius sensum, i. e. commorabitur in loco suae residentiae non otiose sed laboriose administrans munia officii sui. Et cum tempus rationis sui officii reddendae Ordinario advenerit, nulla gravatus culpa facile suam poterit componere relationem, de qua in capite sequenti.

[5] Cf. Chelodi, *Ius de personis*, p. 289.

CAPUT X

De Ratione Ordinario Reddenda

Saepe iam in hac dissertatione repetitum est, potissimum finem officii Vicarii foranei esse vigilantiam exercere in clerum sui districtus. Pariter iam monstratum est eum habere aliquam potestatem administrativam gubernativamque in suo Vicariatu. Nullibi tamen inventus est canon qui ei concedat ius decernendi causas per actus iudiciales. Sed aliquando Vicario foraneo occurrunt casus qui efficaci interventu etiam per poenas ecclesiasticas indigent. Et cum ipse potestate coactiva careat, quaeritur, quis sit qui intervenire possit talibus in casibus? Ordinarius loci solus est qui iurisdictione coactiva pollet in sua dioecesi.

Pastor ordinarius universae dioecesis est loci Ordinarius. Ei commissa est cura omnis cleri et populi sibi subiecti, quem regere et custodire debet. Sed qualiscumque eius sagacitas et quantacumque eius industria, ipse personaliter non potest ubique adesse et omnia per se ipsum videre et perficere.[1] Quapropter ei dati sunt a iure Vicarii foranei, quorum officium est praesertim inspicere clerum eiusque actiones et res compertas referre ad Ordinarium.[2]

"Saltem semel in anno Vicarius foraneus proprii vicariatus rationem reddere debet Ordinario loci, exponens non solum quae intra annum bene gesta sint, sed etiam quae mala obrepserint, quae scandala exorta sint, quae remedia ad ea reparanda adhibita et quidquid agendum existimet ad ea radicitus exstirpanda" (c. 449).

Ex verbis textus "*saltem* semel in anno" colligitur Vicarium foraneum posse et, si rerum circumstantiae id

[1] Castro, *Estatutos sinodales de la arquidiócesis de San José de Costa Rica*, n 146; Rizzi, *Constitutiones synodi dioecesanae*, n. 107.
[2] Cf. Couly in *Le canoniste*, XLVI, 69.

exigant, debere quoque *saepius* rationem reddere; quod facere potest sive sua sponte sive petitus ab Ordinario, quandocumque sibi aut huic necessarium vel utile videatur.[3] Sed saltem una ratio seu relatio unoquoque anno a Vicario foraneo requiritur.

Utrum haec ratio scriptis sit exaranda a Vicario foraneo necne, Codex non definivit. Res proinde relinquitur Ordinario loci, qui pleno iure scriptam annuam rationem exigere potest, praesertim quia relatio oretenus tantum facta facillime ex memoria amittitur nec multos fructus affert.[4]

Haec relatio est res maximi momenti.[5] Si enim recte conficitur, praebet summam industriae totius anni a Vicario foraneo exercitae, eiusque existentiam iustificat. Relatio vero negligens parum illuminat vel adiuvat Ordinarium, cuius vices Vicarius foraneus gerere censetur, ut ipsum nomen eius indicat. Vicarius foraneus vocari solebat oculus Episcopi. Quem si certiorem de rebus saltem maioris momenti facere negligat, non nisi caecus eius oculus nuncupari posset.

Relatio facienda a Vicario foraneo ad nullam limitatur rem.[6] Ideo commentari libere potest de omni re ad bonum religionis pertinenti. Attamen praecipue occupari debeat descriptione illarum rerum et actionum, quae curae Vicarii foranei directe subsunt, nempe numerosarum rerum in c. 447 commemoratarum. Quibus addendae sunt etiam aliae res, quae forsitan a particularibus statutis curae ipsius subiectae sunt.

"Exponens non solum quae intra annum bene gesta sint, sed etiam quae mala obrepserint, quae scandala exorta sint." Expositio non est mera enumeratio sterilis rerum vel actionum, sed lucida explicatio. Exponenda sunt imprimis omnia bene gesta, ut Ordinarius cognoscat statum suae dioecesis et suos sacerdotes bonos, qui in

[3] Cf. Couly, *l. c.*
[4] Cf. Wernz-Vidal, *Ius canonicum,* II, 762.
[5] Cocchi, *Commentarium in Codicem,* III, 366.
[6] Augustine, *A Commentary on Canon Law,* II, 503.

adimplendis officiis animo libenti et ardenti laborant.[7] Nec praetermittenda sunt mala et scandala, quae exorta sint et reformatione indigeant; si enim morbus ignotus maneat, nec medicina applicari, nec sanatio haberi potest.

Relatio tamen esse debet non solum veridica, sed etiam sapiens, prudenter distinguens inter varias res compertas et transmittens Ordinario nihil nisi moderatas et utiles notiones. Patet ergo ex ista relatione nullum damnum oriri posse, si Vicarius foraneus sit quod esse debeat: vir probus et cautus, qui non utilitate privata, sed vero amore sacerdotum sibi subditorum impellatur. E contra talis relatio omnibus proderit sive bonis sive malis. Bonos confirmabit in bono excitabitque ad maiora bona peragenda. Reliquos vero novisse iuvabit se esse publice observatos et custoditos.[8] Et hic est verus finis istius rationis.

Insuper Vicarius foraneus debet Ordinario loci referre quae remedia ad mala et scandala reparanda in Vicariatu foraneo adhibita sint. Adhibita a quo? Ab Episcopo? Minime sane. Nam si Episcopus adhibuerit remedia, certe novisset, quae remedia adhibuerit, neque indigeret relatione de qualitate suorum ipsius remediorum. A Vicario Generali? Nequaquam. Non est enim Vicarii foranei referre Episcopo quae eius Vicarius Generalis agat in dioecesi. Quapropter canon significat nihil nisi remedia adhibita *ab ipso Vicario foraneo.* Hic igitur canon probat Vicarium foraneum habere potestatem applicandi remedia ad mala et scandala reparanda etiam inscio Ordinario loci. Quae potestas ei conceditur ab ipso iure communi. Itaque confutatur opinio eorum, qui asserunt Vicarium foraneum nihil exsequi valere quod expresse ipsi non commiserit Episcopus, neque ullum habere ius vel admonendi presbyteros sui districtus etiam si finiendum sit scandalum vel reprimendus abusus.[9]

[7] Lemonnier, *Statuts synodaux du diocèse de Bayeux et Lisieux*, n. 28. Haec tamen relatio nequaquam dispensat Episcopum a visitatione ab ipso facienda iuxta eiusdem Codicis praescriptum. Cf. Couly, *o.c.*, p. 68.

[8] Cf. Couly, *o.c.*, p. 70.

[9] Cf. Bargilliat, *Praelectiones iuris canonici*, II, 34; Badii, *Manuale iuris canonici*, p. 247; *Le canoniste*, XLVI, 30.

Nota tamen Vicarium foraneum nullum habere ius applicandi remedia *sine ultima cognitione* Ordinarii loci. Aliis verbis: hic habet ius discendi omne remedium maioris momenti saltem postquam applicatum fuerit. Ideo Vicarius foraneus debet iuxta ius commune saltem semel in anno eum certiorem facere etiam de remediis quae ad mala et scandala reparanda adhibuerit.

In ultima parte citati canonis Vicarius foraneus apparet tamquam consiliarius Ordinarii loci. Descriptis remediis iam a se adhibitis ad reparanda mala et scandala Vicarius foraneus fideliter explicare debet quae adhuc facienda supersint referreque suam opinionem seu sententiam de remediis quibus reliqua mala et scandala omnino eradicari possint. Nullum enim malum prorsus exstirpatur, donec eius radices evelluntur. Et loci Ordinarius et Vicarius foraneus simul agere debeant ad omnia vitia radicitus exstirpanda.

Si summatim repetuntur res hucusque dictae de ratione reddenda, videntur memoratu dignae sequentes: Vicarius foraneus debet saltem semel in anno Ordinario loci subiicere rationem status spiritualis et materialis sui Vicariatus. Quae ratio contineat observationes anno praeterito, praesertim inter paroeciarum visitationem, diligenter collectas, caute digestas, iuste lucideque ordinatas. Speciatim referat expositionem primo rerum, quae inter annum bene gesta sint, deinde malorum, abusuum, scandalorumque quae obrepserint. Praeterea aperiat remedia quae Vicarius ipse adhibuerit ad exstirpanda scandala, abusus, aliaque mala et reparanda damna inde orta. Denique suggerat quae facienda remaneant ad mala penitus tollenda, ad disciplinam ecclesiasticam sustentandam, ad bonum religionis promovendum. Ex tali relatione nihil nisi ubera bona omina ultimo redundare debent omnibus, quorum interest.

CAPUT XI

De Aliis Officiis Vicarii Foranei

Materia hucusque disceptata, agebat de Vicariorum foraneorum iuribus et obligationibus et paene omnis sumpta est ex capite VIII libri II Codicis. Supersunt tamen adhuc nonnulli loci in Codice, qui de eodem agunt argumento, sed hactenus nulli capiti huius commentarii logice annecti poterant et qui igitur nondum considerati sunt. Ad complendam vero hanc materiam de Vicariorum foraneorum potestatibus utile videtur colligere et illos reliquos canones eosque iungere in hoc Capite, quod proinde praebebit non nisi conglomerationem rerum, inter quas non multa connexio expectanda est.

I. Vicarius foraneus existimatur vir, qui personas et circumstantias sui vicariatus intime novit. Propterea saepe optimum potest dare consilium Ordinario loci vel Episcopo de rebus, quae eius interventum desiderant. Ob hanc rationem vocandus est ad synodum dioecesanam. Quod ius ante promulgationem novi Codicis non habebat.

Secundum c. 358, § 1, n. 4 omnes Vicarii foranei convocandi sunt ab Episcopo ad synodum dioecesanam, cui interesse debent. Ab eis enim tamquam ab oculatis testibus potest Episcopus bene cognoscere verum statum rerum praesertim in remotis dioecesis partibus.[1] Non vero eis votum est deliberativum, sed tantum consultivum, quod ergo Episcopus sequi non tenetur.[2] Negligentes iustis poenis e. gr. censuris punire potest.[3]

II. Secundum c. 358, § 1, n. 7 insuper vocandus est et debet venire ad synodum dioecesanam unus saltem parochus ex unoquoque vicariatu foraneo, eligendus col-

[1] Cf. Benedictus XIV, *De synodo dioecesana*, l. III, c. 3, n. 10.
[2] C. 362. Cf. Santi-Leitner, *Praelectiones iuris canonici*, I, 349.
[3] C. 359, § 2.

legialiter ab omnibus qui curam animarum actu inibi habent, iuxta modum in c. 101, § 1, n. 1 Codicis statutum. Electores sunt omnes parochi et illi vicarii qui *plena* potestate paroeciali praediti sunt sive saeculares sive religiosi.[4] Excluduntur ergo semper omnes vicarii cooperatores et aliquando etiam vicarii substituti et vicarii adiutores, quando enim non plenam animarum curam habent.

Si Vicarius foraneus sit parochus vel curam animarum exerceat, habet vocem activam in electione deputandi seu delegandi, non vero passivam, quia frustra videtur electio eius qui ex alio titulo ad synodum venire tenetur. Si vero Vicarius foraneus sit sine cura animarum, neque activam neque passivam vocem habet in hac electione, quia in ea suffragium ferre possunt tantum illi "qui curam animarum actu inibi habeant." In utroque tamen casu ei ius est et officium praesidendi electioni parochi delegandi. Vicariatus foraneus est ens iuridicum constitutum a iure communi. Ab eodem iure vicariatui praepositus est Vicarius foraneus. Proinde quandocumque sacerdotes vicariatus officialiter se congregant, Vicarius foraneus eis ex officio praeest. Itaque congregatis parochis pro electione sui delegati ad synodum dioecesanam mittendi Vicarius foraneus praeest sive ipse sit parochus sive non.

Haec suffragatio autem ultra tertium scrutinium non est protrahenda. Si enim peracto tertio scrutinio suffragia aequalia fuerint, tunc Vicarius foraneus ut praeses suo voto paritatem dirimat aut si hoc facere nolit, electus habeatur parochus senior ordine vel prima professione vel aetate.[5]

Neque huic iuri Vicarii foranei, suo voto dirimendi paritatem, opugnat c. 164 qui ait: "Etsi quis plures ob titulos ius habeat ferendi nomine proprio suffragii, non

[4] Cf. Vermeersch-Creusen, *Epitome iuris canonici*, I, 252, ubi exponuntur etiam aliqui errores cl. Pistocchi, *De synodo dioecesana*, pp. 34–36, et Toso, *Ad Codicem commentaria*, III, 191.

[5] Cf. c. 101, § 1.

potest nisi unicum ferre."[6] Nam hic non agitur de novo suffragio ferendo, sed de simplici facultate dirimendi paritatem post tertium scrutinium, concessa praesidi collegii ad excludenda nova scrutinia. Quam facultatem Vicarius foraneus exercet tamquam praeses sine suffragatione et independenter ab omni iure suffragii, etiam si non sit parochus.[7]

III. Ob cognitionem legitimarum consuetudinum et circumstantiarum personarum locorumque Vicarii foranei commemorantur in c. 1234, ubi agitur de determinatione taxarum funeralium pro dioecesi. Ibi locorum Ordinarii suadentur consulere, si opportunum duxerint, etiam Vicarios foraneos dioecesis, antequam indicem funeralium taxarum seu eleemosynarum pro suo territorio conficiant.[8]

IV. Propter vigilantiam quam in suo territorio exercent Vicarii foranei recensentur in c. 1289 inter illos qui diligenter caveant ne sacrae reliquiae, praesertim sanctissimae Crucis, occasione maxime hereditatum aut alienationis acervi bonorum, veneant, neve in acatholicorum manus transeant; atque sedulo invigilent, ne sacrae reliquiae ullo modo profanentur, neve hominum incuria pereant, vel minus decenter custodiantur.

V. Demum in c. 1936 Vicarii foranei enumerantur inter illos quibus publica delicta seu crimina denuntianda sunt. Quae denuntiatio scriptis a denuntiante subsignatis fieri debet. Si autem viva voce facta fuerit, scriptis est consignanda a Vicario foraneo et statim ad Ordinarium deferenda, qui solus habet ius investigandi, vocandi testes etc.[9]

Istis observationibus exhauritur finiturque tractatus de iurisdictione, quam ius commune Vicariis foraneis tribuit et novus iuris canonici Codex continet.

[6] Hoc obiici posset in Vicarium foraneum qui parochus est et qui igitur habet ius suffragii cum reliquis parochis.

[7] Cf. *Commentarium pro religiosis*, VIII (1927), 31–32; Maroto, *Institutiones iuris canonici*, I, 548.

[8] Cf. O'Reilly, *Ecclesiastical Sepulture*, p. 97.

[9] Cf. Augustine, *A Commentary on Canon Law*, VII, 364.

CAPUT XII

De Vicarii Foranei Sigillo Et Praecedentia

Hactenus tractabatur de potestatibus seu de iuribus et officiis Vicarii foranei. Restant vero duae res amplius ut notentur; una est signum eius auctoritatis, altera signum eius honoris, nempe sigillum et praecedentia.

TITULUS I

De Sigillo

Inter externa potestatis signa quae ab antiquis temporibus Decani rurales et postea etiam Vicarii foranei habere solebant, erat eorum sigillum. Quod non raro erat instrumentum maximi momenti in manibus eorum. In multis locis traditio sigilli constituebat Decani vel Vicarii foranei institutionem in officio. Quo actu immediate commissa est ei peractio variarum functionum, quae autem in scriptis non censebantur legales, nisi gerebant sanctionem et impressionem sigilli authentici.[1]

Forma et inscriptio sigilli decanalis erant peculiares. Quatenus officium temporarium tantum gerebant, Decanis seu Vicariis foraneis olim in multis locis non licebat sua propria nomina habere in suis sigillis inscripta, sed solum nomina sui officii.[2] Quo officio exacto debebant statim "sine vexatione et tumultu" cedere sigillum in manus personae, a qua munus acceperant.[3]

Novus Codex restituit sigillum decanale in locum pristini honoris, ubicumque ab isto destitutum est. Canon 450, § 1 enim praescribit pro universali Ecclesia: "Vicarius foraneus sigillum habeat vicariatus proprium."

[1] Dansey, *Horae decanicae rurales*, I, 387.

[2] E. gr. "Sigillum decani Locensis" vel "Sigillum Vicariatus foranei Gradensis," etc.

[3] Dansey, *o.c.*, I, 388.

Textus liquido vult unumquemque Vicarium foraneum habere speciale seu peculiare sui Vicariatus sigillum, ita ut plane differat a sigillis aliorum vicariatuum foraneorum.[4] Usus sigilli istius reservetur soli Vicario foraneo. Qui eo utatur tantum in comprobanda authenticitate documentorum seu actuum, exercitio sui officii propriorum.[5] De forma et inscriptione sigilli nihil in Codice. Determinari vero possunt a iure particulari.[6]

TITULUS II

De Praecedentia

Praecedentia definiri potest ut maioris reverentiae et perfectioris honoris significatio. Correspondet dignitati et excellentiae seu maioritati (ut in iure Decretalium dici solebat), quam persona quae illa fruitur in iure nostro habere censetur.[7]

Praecedentia aut fundatur in excellentia ipsius personae quae praecedentia gaudet; aut tribuitur alicui non ratione personalis excellentiae, sed ratione excellentiae eius, cuius vices quis gerit vel repraesentat, iuxta normam: "Qui alterius personam gerit, ex eadem obtinet praecedentiam."[8]

Huius alterius praecedentiae species competit Vicario foraneo, qui vices gerit Episcopi vel eum suo officio repraesentat. Praecedentiam Vicarii foranei determinavit c. 450, § 2 statuendo: "Praecedit omnibus parochis aliisque sacerdotibus sui districtus."

Notandum est imprimis hunc paragraphum nullo modo referre ad res liturgicas, quae cultum divinum respiciunt. Quae res enim iuxta c. 2 a Codice plerumque excluduntur. Proinde normae antiquae de rebus liturgicis vim suam

[4] Augustine, *A Commentary on Canon Law*, II, 504.

[5] Mothon, *Institutions canoniques*, I, 366; Rossi, *De paroecia*, p. 86.

[6] Ita in variis dioecesibus Poloniae e. gr. Varsaviensi (Kakowski, *Synodus archidioecesana*, stat. 38), Sandomiriensi (Ryx, *Prima synodus dioecesana*, n. 64), Podlachiensi (Przeździecki, *Synodus dioecesana*, stat. 69), etc.

[7] Maroto, *Institutiones iuris canonici*, I, 558; cf. Wernz, *Ius Decretalium*, II, n. 160.

[8] C. 106, n. 1; cf. Maroto, *o.c.*, I, 558–559.

retinent.[9] Et secundum multas decisiones S. Rituum Congregationis Vicariis foraneis, ratione vicariatus, nulla competit praecedentia in omnibus functionibus ecclesiasticis, tam in ecclesia quam extra ecclesiam peragendis, nimirum in Missis, vesperis, choro, processionibus, funeralibus, aliisque similibus.[10]

Deinde notandum est manifeste periculosum esse hunc paragraphum interpretare secundum regulas ante novum Codicem receptas.[11] Iuxta decisionem S. C. Concilii, datam die 17 maii 1919, "leges de praecedentia in Codice contentae . . . apparent ex illis legibus quae *totam de integro ordinant legis prioris materiam* (c. 22) et ideo ad normam c. 6, n. 1, quaslibet leges sive particulares sive contrarias omnino abrogant."[12]

In Codice primum (c. 106) inveniuntur normae generales, materiam de praecedentia ordinantes, quae postea singulis locis variis muneribus ecclesiasticis applicantur.[13] Proinde c. 450, § 2, ubi de praecedentia Vicarii foranei, non mutat ullas regulas ordinarias de praecedentia, quae igitur vigent, quandocumque Vicarius foraneus concurrit, praesertim extra suum districtum, cum aliis ecclesiasticis qui gradum ei superiorem habere possunt.[14]

Certum enim est Vicario foraneo praecedere omnes illos, qui superiorem ordinis potestatem habent i. e. omnes clerici charactere episcopali insigniti (c. 370, § 1). Pariter praecedunt ei omnes illi, qui maiorem dignitatem et superiorem iurisdictionis potestatem habent e. gr. varii

[9] Nisi earum aliqua in Codice expresse corrigatur (c. 2), quod vero de praecedentia Vicarii foranei non fit.

[10] S. R. C., *Materanen.*, 15 febr. 1659; *Catanien. Terrae Aidonis*, 4 aug. 1663; *Imolen.*, 10 febr. 1685; etc. (Falise, *S. Rit. Congr. Decreta*, pp. 339–340). Cf. Trenta, *Viterbiensis et Tuscanensis Dioecesana Synodus* a. 1921, n. 138.

[11] Cf. Couly, in *Le canoniste*, XLVI, 70.

[12] *AAS*, XI (1919), 352. Non ergo errat *Il Monitore Ecclesiastico*, XXXII (1920), 26 sq., affirmans abrogata esse per c. 450, § 2 omnia contraria decreta S. R. C., illa utique quae respiciebant res non liturgicas. Cf. Chelodi, *Ius de personis*, p. 341.

[13] *AAS*, XI, 352.

[14] Cf. Couly, *o.c.*, p. 70.

praelati, vicarii generales et capitulares, dignitates capitulorum cathedralium et collegiatorum.[15]

Sed c. 450, § 2 de his non loquitur. Neque loquitur de sacerdotibus extra districtum Vicarii foranei, quamquam applicari potest vel etiam debet (non solum ad proprium Vicarii foranei territorium, sed et) "ad synodum dioecesanam vel concilium provinciale et ultimo ad dioecesim; hisce casibus exceptis valent normae generales de praecedentia."[16]

Noster § 2 loquitur solum de parochis aliisque sacerdotibus districtus, cui Vicarius foraneus praeest, et sancit huius praecedentiam non nisi respectis presbyteris sui Vicariatus.[17] Ordinat enim relationem inter sacerdotes dicti vicariatus et Vicarium foraneum ipsum qua talem. Qui in isto munere vices gerit Episcopi et habet ius primi loci supra omnes parochos aliosque sacerdotes, sive curatos sive non, religiosis non exclusis, etiam si non sint curati vel sint exempti, ubique in territorio sui districtus.[18]

Quid vero de canonicis, praeceditne eis Vicarius foraneus? Congregatis in choro et in actibus capitularibus Vicarius foraneus certe non praecedit, ut patet ex responsione Pontificiae Commissionis ad Codicis canones authentice interpretandos, data die 10 novembris 1925.[19] Ratio esse videtur, quia Vicarius foraneus nullam habet iurisdictionem in talibus capitulis, quae immediate Ordinario loci subsunt. Item certum est e contra Vicarium foraneum praecedere canonicis congregatis in conferentiis pastoralibus sub eius praesidio.[20] Quid vero de reliquis casibus

[15] Cf. Bouuaert, *Manuale iuris canonici*, p. 283; Pruemmer, *Manuale iuris canonici*, p. 203. Vicarius foraneus enim non est dignitas; cf. Chelodi, *o.c.*, p. 341.

[16] Augustine, *o.c.*, II, 504.

[17] Praecipue iuxta normam c. 106, n. 2: "Cui est auctoritas in personas sive physicas sive morales, eidem est ius praecedentiae supra illas."

[18] Cf. Couly, *o.c.*, p. 70. Hoc contra cl. Augustine, *o.c.*, II, 504, qui excludit religiosos, non occupatos in opere paroeciali. Recte enim notat cl. Bouuaert, *o.c.*, p. 283: "Etenim c. 450 ipsi (Vicario foraneo) generalem agnoscit praecedentiam, nisi exceptio *probetur*."

[19] *AAS*, XVII (1925), 582.

[20] Cf. Couly, *o.c.*, p. 70.

censendum esse non apparet, quia authenticae decisiones desunt.[21]

Hic apponantur pauca etiam *de insigniis et titulis* quibus interdum Vicarii foranei honorantur lege particulari aut consuetudine.[22] Ita in certis regionibus induuntur colari decanali seu iurisdictionali, duplicibus manicis vestis talaris;[23] alibi ornantur rocheto et mozzetta, etc.[24] Quae insignia, si concessa fuerint tamquam Vicariorum foraneorum muneri propria, ab ipsis deferri possunt etiam extra dioecesim.[25]—Alicubi solent habere etiam varios titulos honorificos e. gr. archidiaconi, archipresbyteri, consiliarii consistorii episcopalis, consiliarii in spiritualibus, canonici honorarii, etc.[26]

Vicarii foranei ergo honorantur a iure universalis Ecclesiae, quae eis concedit praecedentiam supra omnes parochos aliosque sacerdotes sui districtus. Aliquando pariter honorantur a iure particulari aut consuetudine, quae eis tribuunt diversa insignia specialia et varios titulos honorarios. Quapropter fas esse videtur additu, clericos quoque vicariatus foranei debere in Vicariis foraneis sibi praepositis aestimare Episcopi auctoritatem, eos iuste

[21] Certe hic non tuto applicantur regulae quae pro Vicarii generalis praecedentia inserviunt (c. 370), ut urget cl. Bouuaert, *Manuale iuris canonici*, p. 283. Tutius forsitan applicetur alia eius regula de praecedentia inter Vicarium foraneum et canonicos, nempe: definienda videtur iure vel consuetudine particulari (*ibid.*). Loci enim Ordinarius habet ius in suo territorio statuendi speciales regulas de praecedentia (c. 106, n. 6).

[22] Cf. Chelodi, *o.c.*, p. 341.

[23] Haring, *Grundzuege des kath. Kirchenrechtes*, p. 305.

[24] Cf. Bargilliat, *Praelectiones iuris canonici*, II, 36, qui vero asserit has vestes concedi decanis in signum *delegatae* potestatis. Eandem gratuitam assertionem habent Badii, *Manuale iuris canonici*, p. 229; Raus, *Institutiones canonicae*, p. 229; Cocchi, *Commentarium in Codicem*, III, 367. Nam rocheto et mozzetta generatim utuntur tantum superiores Ecclesiae potestates e. gr. Summus Pontifex, Cardinales, Episcopi, aliique Praelati qui ordinariam habent iurisdictionem; per modum solum exceptionis ista vestimenta conceduntur aliis. Cf. *Catholic Encyclopedia*, verbis *Mozzetta* et *Rochet;* Braun, *Die liturgische Gewandung*, pp. 129, 357, 358. Ergo si dictae vestes a Vicariis foraneis deferuntur, minime eorum *delegatam* potestatem significant.

[25] Maroto, *o.c.*, I, 350.

[26] Cf. Hinschius, *System des kath. Kirchenrechts*, II, 291.

honorare, diligenter obtemperare eorum praeceptis et consiliis, eosque sincere adiuvare in officio fungendo.[27]

Ex omnibus hucusque dictis apparet, cur Ecclesia iusserit Dioeceses in Vicariatus foraneos dividi eisque Vicarios foraneos praefici. Sunt enim inter praecipuos Episcopi adiutores in dioecesis administratione. Quaeque dioecesis satis ampla est, ut praepediat Episcopum semper et ubique personaliter adesse atque in unaquaque parte dioecesis pastoralem sollicitudinem per seipsum exercere. Proinde Ecclesia dat ei Vicarios foraneos ut adiutores. Per quos Episcopus vigilat, ut leges canonicae ubique observentur, paroeciae recte administrentur, cultus divinus decenter exerceatur, atque ea omnia, quae ad disciplinam et administrationem ecclesiasticam pertinent, vel optime custodiantur. Vicarii igitur foranei niti debent, ut veri sint vicarii Episcopi, ut munia sua diligenter adimpleant et Episcopum fideliter adiuvent in suo officio, cuius potestatem participant.

Insuper sancta Mater Ecclesia bene pernoscit, quam facile sacerdotes, praesertim qui dispersi per amplos atque saepe solitarios districtus curam exercent animarum, in varia possint incidere pericula, sua negligere officia, itaque spiritualem impedire profectum populi. Propterea Ecclesia in dissitis etiam locis dioecesis constituit custodes, quorum est invigilare ovibus et agnis gregis Domini ac supremum dioecesis Pastorem certiorem reddere de quocumque periculo minanti. Institutione igitur officii Vicarii foranei et eius extentione per universum orbem christianum Ecclesia iterum monstravit suam sollicitudinem de gloria Dei saluteque animarum, quae ultimi fines sunt omnis eius legislationis.

[27] Cf. *AKKR*, CI, 74; Klein, *Paderborner Dioezesan-Synode 1922*, p. 188; Castro, *Estatutos sinodales de la arquidiócesis de San José de Costa Rica*, n. 165; Lavitrano, *Synodus dioecesana Cavensis*, n. 122.

DEUS LUX MEA

TITULI

QUOS

AD DOCTORATUS GRADUM

IN

IURE CANONICO

APUD UNIVERSITATEM CATHOLICAM

AMERICAE CONSEQUENDUM

PUBLICE PROPUGNABIT

IOANNES LEO ZAPLOTNIK,

SACERDOS DIOCESIS OMAHENSIS,

IURIS CANONICI LICENTIATUS

HORA NONA A. M. DIE XXXI MAII MCMXXVII

EX IURE CANONICO

EX IURE ROMANO

XLI. Periods of Roman Law.
XLII. The sources of Roman Law.
XLIII. Liberty, its nature, origin, and end.
XLIV. Citizenship.
XLV. *Patria potestas*, its origin and end.
XLVI. *Tutela* and *cura*.
XLVII. Distinction of *res*.
XLVIII. Control of *res*.
XLIX. Acquisition *ex iure gentium*.
L. Acquisition *ex iure civili*.
LI. Acquisition of things through others.
LII. Modes of acquiring *universitas rerum*.

EX IURE INTERNATIONALI

LIII. Sources of International Law.
LIV. Protectorates and mandates.
LV. Piracy.
LVI. Immigration and nationality.
LVII. Immunities of diplomatic agents.
LVIII. Monroe doctrine.
LIX. Drago doctrine.
LX. Property of the enemy'

Vidit Facultas:

PHILIPPUS BERNARDINI, S.T.D., I.U.D., *Decanus*
HUBERTUS L. MOTRY, S.T.D., I.C.D., *a Secretis.*
VALENTINUS T. SCHAAF, O.F.M., I.C.D.
FRANCISCUS J. LARDONE, S.T.D., I.U.D.
MANOEL DE OLIVEIRA LIMA, L.H.B.

Vidit Rector Universitatis:

✠THOMAS J. SHAHAN, S.T.D., I.U.L., LL.D.,
Episcopus Germanicopolitanus.

VITA

Huius dissertationis auctor natus est die 19 septembris anno 1883 in Sloveniae pago Luže penes Kranj, olim sub imperio austriaco, nunc autem sub Jugoslavia. Absolutis studiis elementariis et classicis in oppido Kranj anno 1902 migravit in Americam Septentrionalem. Statim receptus est in Seminarium maius Sancti Pauli, situm in capite Minnesotae, ubi completo cursu philosophico et theologico suscepit presbyteratus ordinem die 11. iunii anno 1908. Deinde fuit vicarius cooperator in paroecia S. Agnetis Omahae in Nebraska simulque egit curam fidelium nationis croaticae et slovenicae in eadem urbe Omahae habitantium. Quos multis superatis difficultatibus coadunavit eisque anno 1917 novam fundavit paroeciam atque propriam aedificavit ecclesiam, SS. Apostolis Petro et Paulo dedicatam, cui ut parochus praefectus est. In ea inde ab anno 1918 divinum celebravit cultum. Item aedificavit ibi domum paroecialem, dissolvit debita, ecclesiam gravantia, praeparavitque paene omnia pro aedificatione scholae paroecialis, quae erecta est statim post eius discessum e dicta paroecia. Anno 1922 nominatus est ab episcopo Omahensi examinator prosynodalis. Scripsit multa praesertim de rebus historicis. Munere parochiali se abdicavit anno 1925 et peregre profectus visitavit Palaestinam, Aegyptum, Graeciam, Italiam, aliasque regiones Europae, Asiae ac Africae. Reversus in Americam autumno eiusdem anni in academicorum numerum huius Catholicae Universitatis relatus est ibique per biennium studiis iuris canonici et romani et internationalis operam dedit. Obtinuit baccalauream et licentiam in iure canonico scripsitque hanc dissertationem ad obtinendum doctoratum in eodem iure.

www.ingramcontent.com/pod-product-compliance
Lightning Source LLC
LaVergne TN
LVHW050216080826
844660LV00012B/419

* 9 7 8 0 8 1 3 2 2 2 3 6 3 *